야생중독

아프리카

야생 중독

아프리카

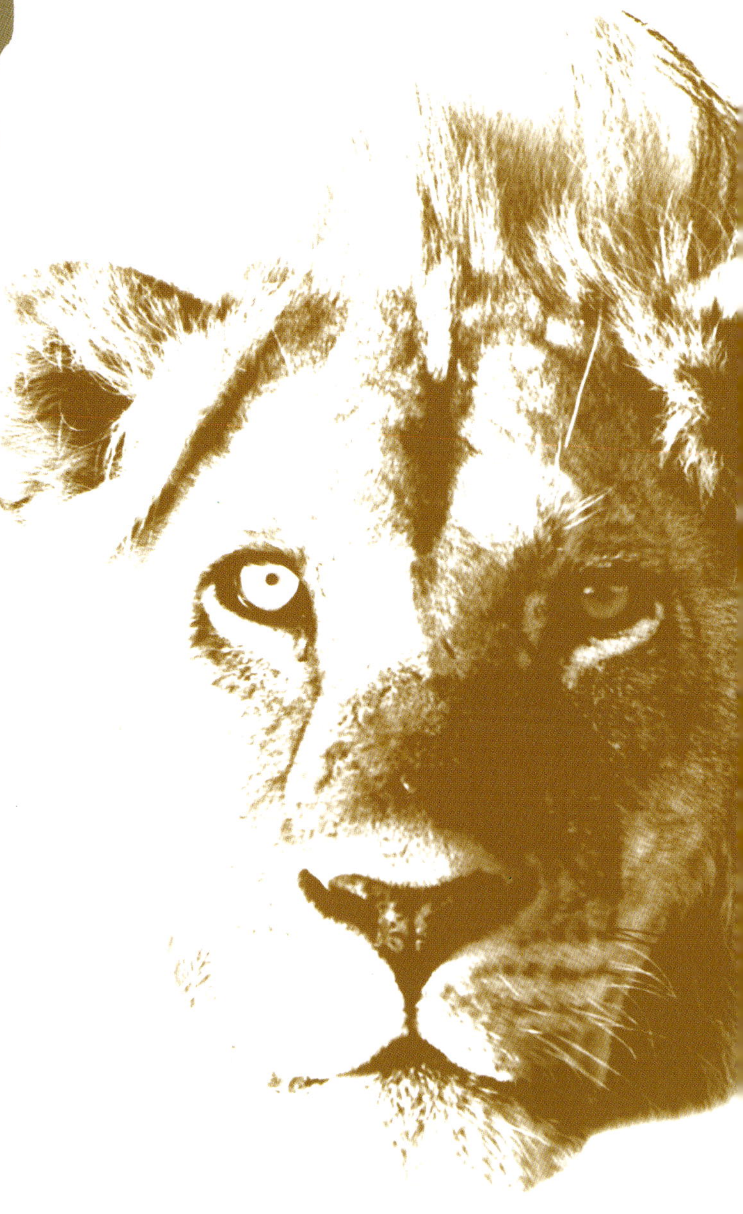

사진·글 이종렬

글로연

WILDHOLIC

머리말

하고 많은 나라를 두고 나는 왜 아프리카, 그 중에서도 하필 탄자니아일까?
오래 전, 방송국에서 일할 때 나는 종종 고참 PD로부터 핀잔을 받곤 했다. "넌 제발 할리우드로 가라. 너의 엉뚱한 상상력은 프로그램 제작에 도움이 안 돼." 그의 말이 맞았는지, 지금 나는 바람과 햇볕이 있는 자연, 세렝게티에서 야생 동물들과 더불어 나름 '엉뚱'하게 살아가고 있다.

촬영을 위해 10년이 넘도록 아프리카의 17개국을 돌아다니다 급기야 2005년에는 가족과 함께 아예 탄자니아로 이사를 왔다. 나에게 있어 아프리카 자연은 50-60년대의 한국에 대한 향수가 아니라, 소중하게 가지고 살아야 할 동경이기에 서울에서 가지고 있던 것들을 미련 없이 버릴 수 있었다.

바람에 출렁이며 따스한 숨을 쉬게 해주는 푸른 나무, 생명의 신비를 일깨워주는 작고 이름 없는 풀들, 비릿한 풀냄새가 섞여 마음까지 씻어주는 바람, 보기만 해도 시원한 킬리만자로의 작은 개울, 그리고 두꺼운 입술 사이로 허연 이를 드러내며 웃는 아프리카 아이들의 싱그러운 웃음까지, 이 모두를 느끼고 함께하는 시간은 세상의 성공과는 다른 행복이 존재함을 알게 해주었다.

또 아프리카에서 보낸 지난 10여 년의 시간은, 나를 세렝게티의 사자들과 친구가 되게 해주었고 치타나 코뿔소는 그들과 마음을 나누게 해주었다.
그들의 눈과 마주치면 녀석들은 편안하게 웃어주기도 하고 가끔은 심술을 내기도 한다. 녀석들은 내가 나의 보호막이기도 한 차에서 내려도 절대로 해치지 않을 것이라는 믿음도 준다. 내 차가 만드는 작은 그늘에서 잠을 자거나 길게 하품하며 늘어지는 게으름뱅이 친구들이지만, 더러는 내 고민을 들어주고 내 어깨를 두드리며 힘내라는 격려도 해줌을 느낀다.

이처럼 아프리카에서 지난 시간 동안 난 그저 자연과 더불어 행복했을 뿐인데 참 많은 것들을 얻었다. 흰머리를 휘날리는 나를 보고 세렝게티 국립공원 관리인들은 '사자 갈기' 라는 애칭을 붙여주었다. 사자 갈기! 세렝게티에서 넘볼 수 있는 가장 멋진 애칭이다. 아프리카에서 10년의 작업은 나에게 또 자연 다큐멘터리를 찍는 감독뿐만 아니라 사진작가로서도 이름을 얻게 해주었다.

2010년부터 향후 10년 동안 나는 탄자니아의 모든 국립공원 오프로드(Off-road)에 출입을 허가 받았고 다큐멘터리와 사진 촬영료도 면제 받았다. 세렝게티를 세계에 알린 고(故) 휴고 반 라윅(Hugo Van Lawick) 이후 탄자니아 역사상 두 번째라고 한다. 하루 촬영료가 100불이 넘고 동물 보호의 목적으로 아주 극소수에게만 오프로드(Off-road) 허가를 주는 것을 감안하면 정말 어마어마한 혜택이다. 돈의 액수보다 하루 종일 사자를 따라다녀도 하품하는 장면 한 컷 찍기 어려운 그야말로 '현장'에서의 한계를 넘어 더 느긋하게 그들의 움직임을 기다릴 수 있다는 점이, 그래서 더 사자다운, 더 치타다운 모습들을 담을 수 있다는 점이 나를 설레고 행복하게 한다.

이 전의 10년은 모르고 달려온 길이지만 앞으로 10년은 온몸을 짓누르는 부담이기도 하다. 그 부담을 어떻게 풀어낼까 고민하기에 앞서 심바 넘버스 프라이드(Simba Numbers Pride)의 사자 가족들의 안부가 더 걸린다. 주책없는 할아버지 오즈와 심술꾸러기 아저씨들, 미끈한 몸매를 가진 8마리의 아줌마들, 그리고 잠깐만 한눈팔면 차 안으로 들어오려고 호시탐탐 기회를 노리는 장난꾸러기 새끼들이 모여 사는 심바 넘버스 프라이드. 부디 아줌마들이 부지런히 사냥하여 건기 동안 20마리의 새끼들을 굶기지 않고 배불리 먹여 다시 만날 수 있기를, 그래서 나의 앞으로 10년에 주인공이 되기를 기도한다.

사는 동안 함께해준 모든 자연과 인연에 진심으로 감사드린다.

킬리만자로의 아랫동네 아루샤(Arusha)에서 이종렬

목차

머리말 - 4

탄자니아, 세렝게티 - 34

제1장 세렝게티와 응고롱고로

귀엽고 천진한 왕의 아들, 새끼 사자 - 40

엿새 만에 돌아온 어미 사자 - 46

나망가 프라이드를 위한 기도 - 52

짧은 영광 긴 아픔 간직한 왕, 수사자 - 56

왕의 영광은 살아남은 자의 몫, 사자 - 62

목숨이 오고가는 좌우의 선택, 치타와 토끼 - 66

살아남기를 배우는 자와 못 배운 자 - 70

무뚝뚝한 자식 사랑, 기린 - 76

거구의 곰살맞은 자식 사랑, 코끼리 - 80

사랑에 목숨 거는 열혈남아, 코뿔소 - 88

온순하고 난폭한 두 얼굴의 하마 - 94

살아남는 자가 강한 존재, 하이에나 - 98

집념의 승부사, 하이에나 - 102

미래의 우환을 제거하는, 하이에나 - 108

세렝게티로 돌아온 환경조절자, 들개 - 112

사바나의 외톨이, 자칼 - 120

초원의 못난이, 누 - 124

안전한 곳을 찾아 헤매는 무거운 몸 - 130

어미를 잃은 자의 선택된 죽음 - 138

풀을 따라 이동하는 누 떼의 대장정 - 142

누 떼의 대장정을 가로막는 복병, 악어 - 148

대여정의 동반자, 누와 얼룩말 - 154

줄무늬는 가족 인식표, 얼룩말 - 158

누를 뒤쫓는 쇠똥구리 - 160

초원의 최약자, 톰슨가젤 - 164

자식의 죽음도 쉽게 잊는 톰슨가젤 - 166

세렝게티 평원의 파수꾼, 몽구스 - 170

어미의 등이 가장 든든, 바위너구리 - 174
모든 것은 땅으로 돌아간다, 소시지나무 - 178
그 이름은 노랗고 예쁜 꽃 - 180
대초원이 잠드는 시각, 석양 - 184
스스로 크는 나무 - 186
초원을 태우는 불길 - 190
새벽을 깨우는 욕망의 열기구 - 194

제2장 나의 아프리카

아프리카, 아프리카, 아프리카 - 198
아루샤의 길고 긴 하루 - 200
오래된 낡은 침대로 돌아오는 일상 - 202
모두가 그리운 사람이 되는 땅 - 204
하쿠나 마타타, 그리고 아프리카인 - 206
아프리카에서 만나는 여러 얼굴들 - 210
검은 전사의 후예 마사이 - 214
초원의 유목부족 마사이 - 224
늙고 병든 마사이 의사의 한마디 - 226
아프리카의 시간, 사사와 자마니 - 228
인류의 드라마가 시작된 올두바이 조지 - 230
아프리카의 자부심과 희망 - 232
생존의 위대함을 간직한 아프리카 아이들 - 234
존재를 알리는 인사말 '잠보' - 236
이방인을 위한 그들만의 계산법 - 238
교민은 달가워하지 않는 아프리카 여행서 - 240
'신의 집'이라 불리는 검은 대륙의 최고봉 - 244
조국 탄자니아를 노래하는 킬리만자로의 아이들 - 246
노예시장의 역사 간직한 작은 어촌 - 250

맺는말 - 254

TANZANIA

탄자니아

탄자니아는 아프리카를 상하 절반으로 나누는 적도 바로 밑에 위치한 나라이다.
한반도의 4.3배 크기를 가진 이 나라는 동쪽으로는 인도양에 접하고 있고,
위로는 케냐와 우간다, 아래로는 모잠비크와 잠비아,
서쪽으로는 콩고와 부룬디, 르완다와 국경을 나누고 있다.
조용필 씨의 '킬리만자로의 표범'으로 유명해진 아프리카 최고봉
킬리만자로가 바로 탄자니아에 있고, TV 다큐멘터리 프로그램
〈동물의 왕국〉 세렝게티(Serengeti) 초원도 탄자니아에 있다.
가장 자연적인 생태가 잘 보존된 세렝게티 국립공원을 비롯하여
세계문화유산이며 '동물백화점'이라고도 불리는 응고롱고로(Ngorongoro),
세계에서 두 번째로 큰 빅토리아(Victoria) 호수,
향신료의 섬 잔지바르(Zanzibar) 등은 탄자니아의 손꼽히는 관광명소이다.
탄자니아는 1980년대 후반까지 사회주의 체제를 유지해 케냐 등 주변국들보다
유럽 열강에 덜 노출되었으며, 그 덕에 개발은 늦었지만 아직까지도 자연상태가
태초의 모습에 가깝도록 잘 보존된 대표적인 나라이다.
그래서 지난 20~30년 동안 세계 여러 나라의 무수히 많은 방송팀들이
다큐멘터리의 소재를 찾아 이 나라를 찾았다.
1992년 다당제를 도입하면서 친미관계를 맺었으며,
그 이전에는 북한을 비롯한 사회주의국가들과 많은 교류를 해왔다.
특히 북한으로부터 군사행정에 관한 도움을 받은 적도 있어서 예전의 관료들 중
일부는 아직도 북한 사투리를 사용할 수 있는 사람이 있는 나라이다.

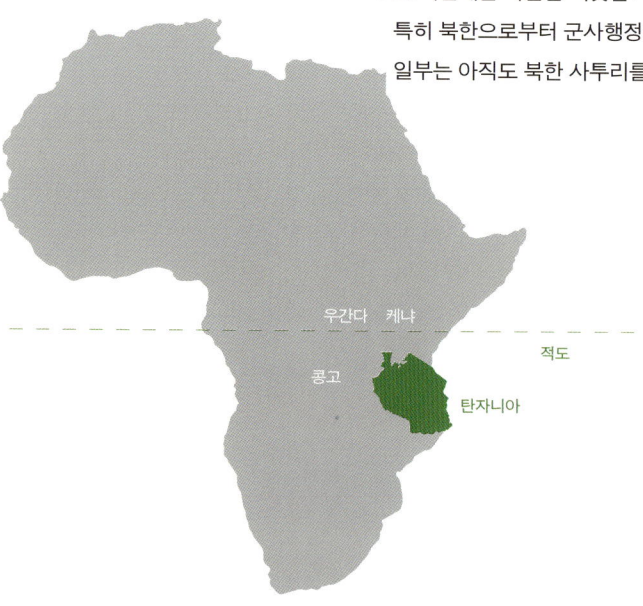

SERENGETI

세렝게티

세렝게티 국립공원은 말 그대로 동물의 왕국이다.
전체 면적이 무려 1만 4763km²로, 우리나라의 경상북도 넓이와 비슷하다.
수없이 많은 동물의 생태를 직접 관찰할 수 있는 세렝게티는
마사이어로 '끝없는 평원'이라는 뜻을 갖고 있다.
북쪽으로 케냐의 마사이마라 국립보호구역과 접해 있어 두 나라의 국경선이
동물의 왕국을 관통하지만, 수백만 마리의 누와 얼룩말 등의 초식동물들은
풀과 물을 찾아 한꺼번에 국경선을 넘는 대이동의 장관을 연출한다.
세렝게티가 오늘날과 같이 동물의 천국으로 불리기까지는
독일의 수의사 베른하르트 그루지메크와 그의 아들 미카엘의
남다른 노력이 있었다.
그루지메크 부자는 야생동물의 규모와 이동경로를 연구하고
야생동물들이 처한 위협을 세상에 널리 알림으로써,
세계 각지에서 기부금을 모아 세렝게티 조사연구소를 설립하는 데
크게 기여했다.
탄자니아 초대 대통령 줄리어스 니에레레의 역할도 매우 컸다.
탄자니아 국민들로부터 '선생(음왈리, Mwali)'으로 불리며 크게 존경받았던
니에레레 대통령은 1967년 '아루샤 선언'을 발표하면서 자연보호정책의 큰
틀을 세웠다. 그는 사람과 동물의 공존, 사람과 자연의 공존이 탄자니아는 물론
아프리카인의 미래의 행복을 결정짓는다고 선언하면서 오늘날 탄자니아가
전 세계의 지지를 받는 자연보호 모범국가가 되는 기초를 닦았다.
거대한 화산 분지인 응고롱고로 보호구역은 세렝게티 평원 남쪽 끝에 붙어 있다.
보호구역 안에는 마사이족이 소와 염소를 방목하며 살고 있는데,
동아프리카에서 볼 수 있는 대부분의 동물들을 한꺼번에 만날 수 있는 곳이기도
하다. 이곳에서는 세렝게티 초원과는 다른 해발 2000m 고지대의 아름다운
풍광을 만날 수 있다.

제 1 장

세렝게티와 응고롱고로

귀엽고 천진한 왕의 아들, 새끼 사자

　동물 이야기를 담아낸 자연 다큐멘터리 프로그램에 '백수의 왕' 사자가 자주 등장하는 이유가 뭘까? 사자의 자태가 보여주는 우아함과 강력한 힘을 느끼게 하는 눈빛 때문에?
　그보다 더 큰 이유가 있다. 대부분의 고양이과 동물들이 독립생활을 하는데 반해 사자는 고양이과에 속하면서도 개과에 속한 들개나 하이에나처럼 무리를 지어 살고, 그 무리 안에서 나름대로의 사회적 관계를 형성하기 때문이다.
　세렝게티에는 모두 25개의 사자 프라이드(가족을 이루는 한 무리)가 살고 있고, 그 개체수는 300마리 남짓이다. 하나의 프라이드는 2~3마리의 성년 수사자와 수사자 개체수의 1.5배인 3~5마리의 암사자, 그리고 10마리 남짓 되는 새끼 사자들로 구성된다. 최대 20여 마리 정도가 프라이드 하나를 형성하는 것이다.
　세렝게티의 자연은 수백만 년간 정해진 '법칙'을 따라 움직여 왔다.
　2월, 비가 초원을 적실 때 누, 톰슨가젤과 같은 초식동물들이 육식동물을 피해 빗속에서 새끼를 낳는다. 이들의 출산은 3월이면 거의 끝난다.
　대우기를 앞둔 3월이 되면 사자, 치타, 하이에나 등 육식동물들이 출산을 한다. 막 태어난 연약한 새끼 초식동물들을 충분히 사냥한 그들은 새끼를 낳고 기를 충분한 에너지를 갖게 된 것이다.
　각각의 암사자들은 프라이드 안에서 새끼를 낳아 공동으로 기른다. 프라이드가 새끼를 보호하는 든든한 울타리의 역할을 하는 셈이다.

　새끼 사자는 미래에 초원을 호령할 왕의 아들이다. 하지만 지금은 왕의 자태나 위엄보다는 귀엽고 천진한 '새끼'의 모습이 가득하다. 고개를 들었을 때 어미가 옆에 없으면 새끼 사자들은 놀란 듯이 종종걸음으로 어미 쪽으로 달려간다. 촬영팀 일행이 사자 무리 쪽으로 다가갔을 때도 새끼 사자들은 어미의 사타구니 밑으로 얼른 숨어버렸다.
　새끼 사자에게 세상에 단 하나밖에 없는 가장 안전한 울타리는 엄마다.

제1장
세렝게티와 응고롱고로

엿새 만에 돌아온 어미 사자

백수의 왕 사자는 자신들의 새끼를 물어 죽이는 하이에나를 죽이려 하고, 하이에나는 자라서 자신들을 해칠지도 모르는 새끼 사자를 찾아 죽이려 한다. 그래서 그들은 서로 천적이다.

내가 줄곧 따라다니며 관찰하던 나망가 프라이드(Namanga Pride)는 서쪽사자 프라이드(West Simba Pride)가 전멸할 때 임신한 채 홀로 남겨진 할머니 사자가 두 딸(암사자)을 낳으면서 이룬 가족이다.

할머니 사자는 프라이드에 수사자를 받아들이지 않은 채 수많은 어려움 속에서도 7~8년 동안 두 딸을 건강하게 길렀다. 그리하여 지금까지 두 딸 사자가 9마리의 손자, 손녀를 낳았다. 그 9마리 중 한 마리를 하이에나에게 빼앗기고 다른 한 마리마저 아파서 죽고 나니 이제 새끼는 7마리만 남았다.

세 모녀 암사자들이 어린 새끼 사자들을 돌 틈에 숨겨놓고 사냥에 나섰다. 사냥을 나간 세 어미 사자가 벌써 5일째 돌아오지 않고 있다. 나는, 사자들이 며칠을 굶은 뒤였으므로 당연히 어미 사자들은 사냥을 나간 줄로만 알았다. 남겨진 7마리의 새끼 사자들도 그렇게 믿고 있는 것 같았다.

새끼 사자들은 하루 종일 먼 곳을 바라보며 어미의 낌새를 찾는다. 서로 올라타고 뒹굴며 장난치는 것이 일과인 녀석들이 이젠 장난도 치지 않고 조용히 있다. 어떤 녀석은 얼굴을 발등에 얹고 어떤 녀석은 고개를 쳐들고 멀리 초원을 바라보기만 할 뿐.

안타까운 마음에 여기저기 수소문을 해봤다. 연구소에도 알리고 공원관리공단에도 알렸건만 다들 뾰족한 답이 없다.

제1장
세렝게티와 응고롱고로

어미들이 새끼들을 모두 버리고 새로운 삶을 찾아간 것으로 보아야만 하는 것일까? 아직 떼어놓기에 새끼 사자들은 너무 어리다. 이제 겨우 '이유식'을 시작한 처지이므로 어미 사자가 떠날 때가 아니다. 그런데도 정말 새끼를 두고 가버린 것일까?

그러는 동안 나의 안타까움은 두려움으로 바뀌어갔다. 이것이 자연의 법칙, 야생의 법칙이라면…… .

무서운 일이다.

6일 만에야 어미 사자들이 돌아왔다. 마치 아무 일도 없었다는 듯이 새끼 사자들은 다시 장난을 시작했다.

나망가 프라이드를 위한 기도

얼마 후, 더 이상 심바코피(Simba Kopjes) 근처에서 먹을 것을 구할 수 없었던 나망가 프라이드는 우리를 외면한 채 어디론가 떠나버렸다.

그리고 무려 5개월이나 지나서야 나망가 프라이드를 다시 만날 수 었었다. 아마도 그들은 먹을 것을 구하기 위해 아무도 접근할 수 없는 코뿔소보호구역인 모루 지역에까지 갔었던 모양이다. 그 사이에 나망가 프라이드는 여섯 새끼를 더 잃었고, 마지막 남은 한 마리마저 털이 빠지는 피부병에 걸려 기력을 잃어갔다.

사자연구센터(Lion Research Center)(유명한 생태학자인 크래이그 패커(Craig Packer) 박사가 1978년에 설립하여 사자의 생태 및 환경 등을 연구하는 기관. 케냐와 남아프리카공화국 등에서도 연구소를 운영하고 있다. 제인 구달(Jane Goodall)의 탄자니아 곰베침팬지(Gombe Chimpanzee)연구소와 함께 세계적으로 가장 유명한 동물연구소이다.)에서 가르쳐준 마지막 GPS의 좌표를 따라가서 나망가 프라이드를 만났다.

반가운 마음은 눈물을 머금게 만들었다. 그들을 다시 만나는 순간 마치 오랫동안 헤어져 있던 이산가족을 만나는 것처럼 반가웠다. 그러나 홀로 남겨진 할머니가 견뎌낸 7~8년이라는 세월, 그리고 9마리의 손자, 손녀와 함께한 1년여의 시간들. 그 손자, 손녀 중 8마리가 죽고 지금은 단지 1마리만이 남아 있는 모습을 보니 맺혔던 눈물이 스르륵 흘려 내렸다.

나는 기도한다.

세렝게티에서 새끼 사자의 생존율이 15%에 불과하다고 해도, 아무리 세렝게티 안에 25개의 사자 프라이드가 있다고 하더라도 나는 남겨진 그 한 마리가 잘 살아남아 대초원에서 포효하는 날이 다시 찾아오기를 간절하게 기도한다.

할머니 사자가 혼자서 온갖 위험을 이겨내며 새로운 프라이드를 만들어 살아왔던 그 치열함을 남은 그 한 마리가 꼭 이어받기를 기도한다.

짧은 영광 긴 아픔 간직한 왕, 수사자

세렝게티의 초식동물과 육식동물의 개체수를 조절하는 것은 백수의 왕인 사자도, '조용한 저격수' 표범도, 그리고 'F1 경주자' 치타도 아니다. 하이에나와 들개들이다.

사자나 치타와 같은 고양이과의 동물들은 좋아하는 먹이와 싫어하는 먹이를 가리는 특성이 있다. 그래서 아무에게나 함부로 적의를 드러내고 공격하지 않는다. 가끔은 들개나 하이에나를 공격하기도 하는데, 이때도 먹잇감을 사냥하기 위해 공격하는 것이 아니라 자신의 영역을 침범한 '건방진 도전자'들에 대한 경고의 의미이다.

그러나 개과에 속하는 들개나 하이에나는 좀 다르다. 그들은 잡식성이어서 아무 먹잇감이나 닥치는 대로 잡아먹는다. 이러한 '잡식성'이 세렝게티 평원에 사는 동물들의 개체수를 조절하는 역할을 하는 것이다.

1970년대 중반 세렝게티에서 들개의 숫자가 급속도로 늘자 먹이가 모자란 들개들은 무리를 지어 다니면서 집단공격으로 사자와 치타까지도 사냥하기 시작했다. 한번 시작한 그들의 사냥이 도를 넘으면서 사자와 치타의 수가 급속도로 줄어드는 사태가 발생했다.

사자와 치타는 관광객들이 가장 좋아하는 동물이니 동물협회 측에서는 급기야 들개의 개체수를 인위적으로 조절하기 위해 직접 들개사냥에 나섰다. 그러나 어이없게도 들개를 몰살시키는 결과를 만들고야 말았다. 세렝게티에서 들개가 자취를 감추자 천적이 없어진 사자의 수는 쑥쑥 늘어났다.

사자의 전성시대, 특히 수사자의 전성시대가 시작된 것이다. 하지만 수사자의 영광도 그리 오래 가지 못했다. 늘어난 수사자의 개체수 때문에 예전보다 프라이드를 차지하기 어렵고, 차지한다고 해도 새로운 도전자들에 의해 빨리 프라이드를 뺏겨 쫓겨나게 되었다.

　힘을 가지고 있거나 교미하는 기간에는 암사자들이 사냥해온 먹이를 나누어 주기 때문에 백수의 왕다운 위엄이 살아 있다. 하지만, 힘이 떨어지거나 새로운 경쟁자가 나타나면 암사자들에게서 쫓겨나 초원을 떠돌게 된다. 프라이드에서 쫓겨나면 스스로 배를 채우기에도 급급한 처량한 외톨이 신세가 된다.
　떠돌이 수사자는 옛 영화를 추억하며 굶어 죽거나 하이에나에게 오히려 사냥을 당해 영욕의 삶을 마감한다. 그게 세렝게티에서 수사자들이 걸어야 하는 운명이 되어버렸다.

왕의 영광은 살아남은 자의 몫, 사자

들개가 몰살당하게 된 덕분에 수가 늘어난 사자들.

사자의 숫자가 많아지면서 굶어죽는 새끼 사자들도 늘어났다. 더구나 새끼 사자의 아비가 새로 들어온 수사자와의 프라이드 쟁탈전에서 패하기라도 하면 새끼 사자에게는 커다란 생명의 위협이 닥치게 된다. 새로 들어온 수사자는 커서 적이 될지도 모를 수사자의 새끼를 물어 죽이고 새로운 새끼를 임신시켜 자신의 세력 확장에 나선다. 그러다보니 새끼 사자의 생존율은 15% 정도에 불과하다.

이렇게 살아남은 새끼 사자가 생후 1년~1년 6개월이 지나 성년이 되면 암사자와 수사자의 갈 길이 달라진다. 암사자는 프라이드에 남아 죽을 때까지 2~3일에 한 번씩은 사냥을 해서 수사자와 새끼를 먹여 살려야 한다. 프라이드의 번성을 위하여 자식을 낳고, 온갖 악조건과 싸우며 자식들을 키워내는 것도 암사자의 몫이다.

그러나 다 자란 수사자는 프라이드를 떠나야 한다. 그리고 스스로의 프라이드를 만들거나 다른 프라이드의 수사자와 싸워 이김으로써 그 프라이드를 차지하거나 한다.

프라이드를 차지한 젊은 수사자는 암사자들이 버펄로, 기린 등 덩치가 큰 동물을 사냥할 때 사냥감의 주둥이를 물어 든든한 지원군의 역할을 한다.

사냥 후 당당히 먹이를 나누는 것은 물론이다.

그러나 먹잇감을 구하기 어려운 건기가 되면 수사자는 한없이 초라해진다. 새끼를 가진 암사자들은 젖을 만들어야 하기 때문에 사냥한 먹잇감을 새끼나 수사자 앞으로 가져오길 꺼린다. 때문에 수사자들은 암사자들을 지켜보다가 눈치껏 달려가서 얻어먹어야 하는 신세가 된다.

그러다가 나이가 더 들어서 힘이 떨어지거나 다른 수사자와의 경쟁에서 지게 되면 무리에서 쫓겨나 초원을 떠돌다가 하이에나 혹은 들개에게 죽임을 당해 생을 마무리한다.

목숨이 오고가는 좌우의 선택, 치타와 토끼

시속 120km로 동물 가운데 가장 빨리 초원을 내달리는 치타. 치타는 초고속이라 할 만큼 날쌘 육식동물이다. 하지만 자신의 몸을 수풀에 쉽게 숨길 수 없는 건기가 되면 당당한 육식동물로서의 '체면'도 벗어던지고 토끼 사냥을 위해 토끼 굴 앞에 앉아 토끼를 기다리기도 한다.

치타의 공격이 시작되면 토끼는 놀라서 이리저리 도망을 간다. 이때 토끼는 좌우로 특유의 급회전을 하면서 도망을 가고, 치타도 토끼를 쫓아 급회전을 계속한다. 하지만 치타가 토끼의 급회전을 따라가는 것이 여간 어려운 게 아니다.

유선형의 긴 몸과 긴 꼬리, 잘 발달된 발로 세상에서 가장 빨리 달릴 수 있는 치타와 몸집이 작고 발도 느린 아프리카 토끼. 하지만 토끼는 5~6번 정도의 급회전을 하면서 단 한 번이라도 치타의 예측을 벗어나기만 하면 자신의 생명을 지킬 수가 있다.

목숨을 건 '좌우'의 선택. '오른쪽이냐 왼쪽이냐'가 토끼에겐 '사느냐 죽느냐'다.

살아남기를 배우는 자와 못 배운 자

어미 치타와 새끼 치타가 숲이 우거진 은두투 지역을 온종일 돌아다니며 먹이를 찾아보지만 결국 구하지 못했다.

지친 치타가족이 그늘로 들어가 쉬려고 하는데, 달갑지 않게 아프리카 홍멧돼지까지 나타나 치타가족을 노려본다. 사냥을 배우고 있는 어린 치타가 다 자란 아프리카 홍멧돼지를 맞상대하는 건 무리다. 홍멧돼지는 얼굴 전체가 하나의 두꺼운 뼈로 되어 있어서 얼굴이 아닌 목을 물어야만 이길 수 있다. 홍멧돼지를 상대해본 경험이 없는 어린 치타들은 홍멧돼지 주위를 빙빙 돌다가 홍멧돼지에게 무시당하며 쫓겨난다.

마침 그때 어미 잃은 새끼 누 한 마리가 눈에 들어온다. 어린 치타들이 새끼 누를 발견하고 슬금슬금 다가갈 때 어미 치타가 날쌔게 누를 덮친다.

어슬렁거리던 어린 누는 그제야 깜짝 놀라 뛰어 달아난다. 하지만 이내 멱통을 물렸다.

살아남기 위해 사냥을 배우는 어린 치타들과 어미로부터 살아남는 법을 배우지 못한 어린 누. 세렝게티 초원에서는 어미가 있고 없음이 삶과 죽음으로 이어진다.

어미 누는 목숨으로 새끼를 지키고 싶어 했지만, 어미 없이는 단 하루도 살아갈 수 없는 세렝게티 초원에서 새끼는 어미의 바램을 버리고 어미를 뒤따라 갔다.

제1장
세렝게티와 응고롱고로

무뚝뚝한 자식 사랑, 기린

2층집 높이만큼 키가 큰 기린은 초원을 내려다보며 산다. 날카로운 가시가 돋친 '휘슬링 톤(Whistling Thorn)'이라는 가시나무를 긴 혀로 휘감아 꾸역꾸역 먹는다. 그 뾰족한 나무를 먹으면서도 기린의 얼굴에는 아무런 표정이 없다.

기린이 뛸 때는 느린 동영상을 보는 것처럼 허우적거리지만 실제로 뛰기 시작해 가속이 붙으면 그 보폭 때문에 어떤 동물들도 따라갈 수가 없을 정도로 빠르다.

사자가 다가왔다. 새끼가 위험해지자 어미 기린은 길고 무거운 목을 간신히 젖히며 앞발을 겨우 들어 펄쩍펄쩍 뛰면서 사자를 위협한다. 그것으로 모자란다 싶은지 긴 목을 힘들게 넘겨 몸을 돌리고 뒷발로 발길질을 한다.

기린의 뒷발차기는 단 한 번의 공격으로 사자의 갈비뼈를 부러뜨릴 만큼 파괴력이 크다. 하지만 엉뚱한 방향으로 헛발질을 하는 게 다반사다. 적중률 제로의 영양가 없는 발길질을 되풀이하다 왕방울만한 눈으로 새끼를 내려다본다. 발길질이 소용없게 되면 그저 새끼를 내려다 볼 뿐이다.

다행히 배가 덜 고팠던지 사자가 새끼 기린 곁을 떠났다. 어미 기린은 다시 눈길을 돌려 혀로 가시 돋친 나무를 휘감아 먹는다.

휘슬링 톤의 가시는 기린이 내려다만 봐야 하는 세렝게티 초원에 비하면 전혀 따갑지 않은 것인지도 모른다.

거구의 곰살맞은 자식 사랑, 코끼리

날카로운 가시나무숲을 코끼리가 지나가면 트럭이 다닐 만한 길이 만들어진다는 얘기가 나올 정도로 코끼리는 거대하다. 최대 6톤의 몸무게를 넘나드는 코끼리에게는 모든 동물을 압도하는 위압감이 있다.

코끼리의 코가 가진 힘은 엄청나다. 키가 2m가 넘는 어미 코끼리가 코를 들어 나뭇가지를 꺾으면 큰 나무도 그 힘에 찢겨져 버리고 어린 나무는 뿌리째 뽑혀버린다. 그래서 세렝게티의 세로네라(Seronera)강 주변에서 자라는 나무들은 종종 코끼리떼의 습격을 받아 흔적도 없이 사라져 버리곤 한다.

백수의 왕이라는 사자도 예외는 없다. 코끼리의 발에 밟히면 갈비뼈가 으스러지고 휘두르는 코에 공격을 당하면 10m 밖으로 나동그라지기 예사다. 설령 사자에게 물리더라도 코끼리는 워낙 튼튼한 가죽과 엄청난 힘이 있어 큰 상처를 입기 전에 사자를 제압한다.

코끼리는 그런 동물이다. 무서울 게 없고 거칠 게 없는 초원의 거인이다.

제1장
세렝게티와 응고롱고로

세렝게티에서 사진촬영을 하기 위해서는 특별 허가를 받아 야생동물 보호를 위해 정해 놓은 길을 넘어 길이라고 할 수 없는 길로 차를 몰고 가야 한다.

간혹 그 길 아닌 길 위에서 코끼리가 무리를 지어 나뭇가지를 먹고 있을 때가 있다. 하루에 16시간씩, 무려 180kg이나 되는 분량을 먹어야 하는 거대한 코끼리가 한 마리도 아니고 열댓 마리씩 모여서 나뭇가지를 먹고 있을 때는 다른 선택의 여지가 없다. 옴짝달싹하지 못하고 코끼리 무리가 지나가기만을 기다려야 한다. 한 시간, 두 시간, 그리고 세 시간이 지나기도 한다.

차에 앉아 코끼리 무리가 다른 곳으로 이동하기만을 기다리는데 새끼코끼리가 어미의 다리 사이에서 걸어 나왔다. 어미는 찢겨진 나무의 한쪽 끝을 발로 밟으며 코로 나무껍질을 하나하나 벗겨 새끼의 눈앞에 밀어놓는다.

육중한 거구를 지닌 코끼리도 자식사랑은 곰살맞기 그지없다.

사자가 20~30m 앞을 지나가기만 해도 귀를 펄럭이며 소리를 지르고, 앞발을 들어 사자를 위협해 쫓아내려고 애를 쓴다. 그리고 유연한 코로 자신의 다리 사이에 새끼를 넣거나 엉덩이 쪽으로 슬그머니 밀어 넣어 숨긴다.

코끼리는 10년 이상이나 새끼를 곁에 두고 돌보니 아프리카의 동물 중에서도 가장 오랜 기간 새끼를 보살피는 동물이다.

코끼리에게 자식은 아무리 커도 품안에서 챙겨야 할 어린애일 뿐이다.

제1장
세렝게티와 응고롱고로

사랑에 목숨 거는 열혈남아, 코뿔소

검은코뿔소는 세계적인 희귀동물이다. 야생하는 검은코뿔소의 수는 약 3600마리 정도에 불과한 것으로 보고 돼 있다. 심지어 국제자연보호연맹은 2006년 7월 검은코뿔소의 아종인 서부검은코뿔소(Diceros Bicornis Longipes)가 멸종되었다고 선언하기도 했다.

내가 있는 이곳 세렝게티의 검은코뿔소 보호구역 모루 코피(Moru Kopje)에서도 검은코뿔소와 마주치기란 매우 어려운 일이다.

이들의 개체수가 감소한 원인은 여러 가지가 있지만 그 중 가장 큰 이유는 밀렵이다. 세계적으로 코뿔소 보호정책이 이루어지기 전까지 코뿔소의 뿔은 아시아 사람들에게는 정력제 등의 약재로, 중동지역 사람들에겐 허리에 차는 칼의 손잡이로 애용되어 밀렵이 성행했었다.

게다가 평소 혼자 돌아다니기를 좋아하는 코뿔소는 10m 앞의 사람도 구분 못할 정도로 시력이 나빠서 암놈을 찾아 교미를 할 수 있는 확률이 매우 낮다. 인공번식을 시키려고 해도 덩치가 큰 코뿔소를 마취시키거나 옮기는데 너무 많은 돈이 들어가기 때문에 1년에 한두 차례 교미를 시키기도 쉽지가 않다. 그나마 후각으로 겨우 암컷의 배설물을 찾아가 교미를 하게 되는데, 그곳에 다른 수놈이 와 있는 경우엔 죽음을 불사한 전투가 벌어지는 것이 보통이다.

1톤이 넘는 무게를 가진 두 수놈의 대결은 차마 눈뜨고 보기 어려울 정도다. 눈이 안 보이는 것이나 마찬가지인 두 수놈의 저돌적인 충돌은, 결국 날카로운 뿔에 찔려 양쪽 모두에게 심각한 상처를 입힌다.

아프리카에서는 상대할 동물이 없는 코뿔소도 사랑을 얻기 위한 상처 때문에 죽어가는 것이다.

시력이 나쁜 코뿔소는 눈앞에 낯선 물체만 보여도 무조건 달려드는 성질이 있다. 사람들이 상처를 치료해주려 해도 코뿔소는 시속 50km에 육박하는 속도로 달려드니 함부로 가까이 갈 수도 없다. 작은 상처가 치료시기를 놓쳐 점점 커지고 결국에는 죽음에 이르게 되기도 한다. 대부분의 다른 동물들도 암컷을 두고 사랑의 쟁탈전을 벌이긴 하지만 대개는 적당한 선에서 타협하고 물러난다. 적당한 힘겨루기, 적당한 액션, 적당한 타협으로 한쪽이 물러서기 때문에 상처를 덜 받는다. 하지만 코뿔소는 사랑에 복수를 한다. 제 죽을 줄 모르는 눈이 먼 번식본능인 것이다.

온순하고 난폭한 두 얼굴의 하마

몸길이가 3~4m에 이르고, 몸무게가 3~4톤이나 되는 하마는 하루에 무려 60kg의 풀을 먹어치운다. 또 햇빛에 아주 약한 피부를 가지고 있어서 낮 시간의 대부분을 호수나 늪에서 생활하고, 이른 새벽이나 밤에 물 밖으로 나와 풀이나 열매를 먹고 산다.

하마는 덩치에 비해 매우 순진하고 겁이 많다. 주위에서 조그만 소리가 들려도 허둥지둥 물속으로 뛰어 들어가는데, 그 모습이 스모 선수들이 갈지(之) 자로 뛰는 것처럼 뒤뚱거려서 우스꽝스럽다. 그러나 땅을 울리는 소리만큼은 위압적이다.

하마의 피부는 햇빛에 노출되면 건조하게 말라버린다. 그래서 물은 그들에게 생명과도 같다. 순한 초식동물로 소문난 하마지만 자신의 웅덩이에 다른 동물이 침입하면 그 큰 입으로 물어 익사시켜버리곤 한다. 사자나 악어 등 세렝게티를 지배하고 있는 육식동물뿐만 아니라, 톰슨가젤 같은 작은 초식동물들이 실수로 웅덩이에 빠져도 결과는 마찬가지다.

크고 누런 송곳니를 드러내며 입을 크게 벌리면 1m 가까이 벌어지는데, 그 모습이 아주 위협적이다. 화가 났을 때는 입을 크게 벌려 자신보다 강한 육식동물을 위협한다.

얼굴 인상만으로 성격을 다 알 수는 없는 일이다. 사람이나 동물이나.

살아남는 자가 강한 존재, 하이에나

세상 사람들에게 하이에나는 그다지 좋은 이미지가 아닌 것 같다. 그것은 하이에나가 먹이를 구하는 '그들만의 방식' 때문일 것이다.

임신한 암캐처럼 뒷다리가 짧고 축 처져 있는 하이에나는 종종 사자가 사냥한 먹이를 훔쳐 먹곤 한다. 사자가 한눈파는 사이에 번개처럼 훔쳐 먹는다. 그게 여의치 않으면 뼈에 살점만 조금 남은 독수리의 먹이를 빼앗아 먹기도 한다.

하지만 하이에나가 늘 그렇게 '비굴하게' 사는 것은 아니다. 우두머리 암컷의 지휘에 따라 집단으로 사냥을 하여 먹이를 구하는 경우가 전체의 4분의 3정도라고 보면 된다.

집단사냥으로도 필요한 먹이가 채워지지 않으면 그때 '하이에나의 습성'이 나온다. 사자나 독수리의 먹이를 뺏어먹는 것이다. 그것마저도 안 되면 튼튼한 턱과 이빨로 동물의 가죽을 물에 불려 먹거나 삭은 동물의 뼈를 부셔 먹기도 한다.

남의 사냥감을 뺏어먹는 하이에나의 습성은 '살아남는 존재만이 강한 존재'가 되는 대초원에서 자신의 생명을 유지하고 새끼를 살리기 위한 당연한 행동이다.

끝없이 넓은 세렝게티 평원에 건기가 찾아와 먹잇감이 없을 때 하이에나는 3~4일을 이동하여 사냥을 한 뒤 배를 채운 다음, 다시 3~4일을 걸어 집으로 돌아온다. 그리고는 힘겹게 채운 배를 되새김질하여 먹이를 새끼 앞에 토해 놓는다.

세렝게티에서 하이에나를 다시 본다.

집념의 승부사, 하이에나

비가 내린 뒤에는 세렝게티 평원 곳곳에 작은 웅덩이가 생긴다. 그곳엔 하이에나가 물에 반쯤 잠겨 누워 있곤 한다. 하이에나는 몸에 열이 많아 낮에는 대부분의 시간을 물속에서 뒹굴며 지낸다. 그러다가 피 냄새를 맡으면 아래로 축 처진 엉덩이를 질질 끌다시피 하며 쏜살같이 달려간다.

하이에나는 20km 반경의 피 냄새도 맡을 수가 있다. 보통은 50~80여 마리 정도가 모여 단체생활을 하는데, 하이에나가 이루는 공동체는 가장 대표적인 모계사회이다. 우두머리 암컷의 권력은 딸이나 여동생에게 물려주게 되며, 수컷의 서열도 우두머리 암컷의 기호에 따라 정해진다. 만약 우두머리에게 선택 받지 못한 수컷이 우두머리에게 선택 받은 수컷을 공격하거나 질투할 경우 가차 없는 처벌이 내려진다.

세렝게티 초원에서는 수컷끼리 서로 항문샘을 핥아주며 애무를 통해 동료애를 나누는 하이에나의 모습을 자주 볼 수 있다. 이 때문에 유럽의 전설에는 하이에나가 양수 겸 동물로 묘사되기도 했다.

일생을 거의 혼자 살아가는 치타는 유선형의 몸과 작은 얼굴을 가지고 있다. 유난히 다리가 길고 근육이 발달하여 시속 120km까지 달린다. 하지만 그 거리는 보통 300m 내외이다. 금방 숨이 차

제1장
세렝게티와 응고롱고로

서 그 속도로는 대략 600m 이상을 달리지 못하므로 그 사이에 사냥이 결정되어야 한다.

반면에 개과의 하이에나는 몸이 뚱뚱하고 뒷다리가 짧아서 빨리 뛸 수는 없지만 사냥감을 끝까지 쫓아가는 '집념'을 가지고 있다. 뿐만 아니라 단체생활을 하는 그들은 암컷 우두머리의 지휘에 따라 적게는 5~6마리가, 많게는 80여 마리가 조직력을 갖춰 사냥을 하기 때문에 그 위세가 대단하다. 보통 2~3마리의 하이에나가 함께 돌격하면 전투 없이 그 위세만으로도 암사자의 먹이를 빼앗을 수 있고, 10마리가 함께 대항하면 힘 있는 수사자들의 먹이도 너끈하게 뺏을 수가 있을 정도다.

하이에나 혼자서는 톰슨가젤이나 임팔라를 잡을 만큼 빠르지도 않고 누를 잡을 만큼 힘이 세지도 않다. 하지만 개과의 동물답게 영리함을 갖추고 있어, 새끼를 낳고 있는 누나 다친 톰슨가젤 등을 끈질기게 쫓아가 잡아먹는다. 사냥을 할 때는 몰이꾼과 저격수의 구분 없이 다 함께 달려들고 먹이를 나누어 먹는다.

수십 마리씩 떼를 지어 몰려다니며 째지는 듯한 울음소리를 내고 다른 맹수의 사냥감을 빼앗아 먹는 습성 때문에 사람들은 하이에나를 별로 좋게 보지 않는다. 고양이과 동물인 사자나 치타는 잡은 먹잇감의 숨통을 먼저 끊어놓지만, 강한 턱과 이빨을 가진 하이에나는 살려고 발버둥치는 사냥감을 살려둔 채로 아작아작 씹어 먹는다.

잔인하게 먹는다.

제1장
세렝게티와 응고롱고로

미래의 우환을 제거하는 하이에나

오늘 아침, 하이에나가 사자의 새끼를 물어 죽였다. 사자의 사냥감을 빼앗으러 갔던 하이에나가 반격하는 사자의 기세에 눌려 도망나오다가 여덟 마리의 새끼가 숨겨진 곳을 발견하고 덥석 하나를 물어 죽인 것이다.

하이에나가 사자의 새끼를 물어 죽이는 일은 세렝게티의 야생세계에서 살아남기 위해서는 어쩔 수 없이 해야 하는 자연스러운 일이기도 하다. 새끼 사자가 자라나면 결국 자신들을 위협할 것이기 때문에 미리 싹을 자르는 것이다.

생사가 다반사라서 그런 것일까. 하이에나에게 물려 죽어가는 새끼를 쳐다보지도 않고 자신의 먹이만을 지키고 있는 어미 사자의 모습에 나는 순간 당황스러웠다.

그러나 어미 사자에게는 죽어가는 한 마리의 새끼보다 눈앞에 남겨진 나머지 일곱 마리 새끼의 배를 채워주는 것이 더 먼저이고 중요했던 것이다.

제1장
세렝게티와 응고롱고로

세렝게티로 돌아온 환경조절자, 들개

1970년대 중반 세렝게티와 응고롱고로에 번진 전염병은 다른 동물들에게는 아무런 해가 되지 않았으나 관광객을 위한 사파리에 반드시 있어야 하는 사자에게는 치명상을 입혔다.

날마다 죽어가는 사자를 걱정하던 탄자니아 정부와 사자연구소는 남아프리카공화국에서 사자를 수입할 계획을 세웠으나, 생활의 터전을 옮길 경우 살아남을 확률이 워낙 적어 실행에 옮기지 못하고 주저하고 있었다.

이때 들개 무리가 병들어 힘이 없어진 사자들마저 무차별하게 공격하는 일이 발생하자 정부가 대책을 세우게 되었다.

항상 집단으로 움직이는 들개는 무리의 우두머리가 공격신호를 보내면 공격 첨병과 후방 지원, 측면 지원 등 마치 군인처럼 일사불란하고 체계적으로 사자를 공격한다. 이때 사자는 도저히 들개무리를 당해낼 수 없기 때문에 도망하기에 급급해진다.

하이에나도 30마리 정도의 무리를 이루면 홀로 남은 늙은 사자를 공격하여 죽이는 경우가 있다. 하지만 대부분은 사자와 함께 공생관계를 유지하거나 치타나 표범의 사냥감을 뺏어 먹는 것으로 만족한다.

사자의 숫자가 급격히 줄어들자 정부와 사자연구소는 들개의 개체수를 인위적으로 조절하려 했으나, 결과적으로는 숫자 조절의 실패로 몰살된 후 탄자니아를 비롯한 동아프리카 어디에서도 들개를 찾아 볼 수 없게 되었다. 들개는 점점 사람들의 기억 속에서 잊혀져갔다.

그후 사자의 병이 낫고 사자 숫자는 원래 있던 것보다도 많아졌다.

최근에는 '사파리에 가면 밟히는 게 사자'라는 이야기까지 들리곤 한다. 그로부터 20년이 지난 1990년대 이후에는 사자의 프라이드가 세렝게티만 해도 25개 정도가 되었다.

사자의 개체수가 늘어나자 이번에는 자기들끼리 좋은 위치 - 코피(Kopje)라고 불리는 돌무더기 언덕과 개천이 가까운, 그리고 드

넓은 초원을 볼 수 있는 곳 – 를 차지하기 위한 치열한 영역싸움을 벌이게 되었다. 세렝게티에서는 1년 내내 물이 흐르는 세로네라(Seronera) 지역과 식스틴(Sixteen), 심바코피(Simba Kopje)가 가장 좋은 환경으로 꼽힌다.

또 프라이드 내부에서도 자리다툼이 매우 심해져 3~5년 정도 유지되던 수사자의 프라이드 지배기간이 1~3년으로 짧아졌다.

사자는 하루에 18~20시간 동안 잠을 자고, 해 뜨기 전과 해 지기 직전에 무리의 암놈끼리 몰이꾼과 사냥꾼으로 역할을 나누어서 사냥을 하는 특성이 있다. 전형적인 협력방식으로 사냥을 하는 것이다.

그런데 경쟁력이 약해진 사자 무리들은 이런 본성을 잊은 채 조그마한 초식동물이라도 나타나면 무조건 달려들고 보는 비참한 행태를 보인다. 바람의 방향이나 협력자의 여부를 따질 겨를도 없다는 것이다. 뿐만 아니라 사냥에 실패하면 흰개미 무덤을 뒤져서라도 근근이 목숨을 이어간다.

또 암사자들이 누나 토끼를 사냥하러 나가면 수사자들은 프라이드를 지키는 일이 대부분이었는데, 사냥경쟁이 워낙 심해지자 암수가 함께 나서서 버펄로 사냥을 하는 경우도 빈번해졌다. 버펄로는 워낙 힘이 세서 평소에는 사냥의 대상으로 삼지 않았던 동물이다. 굳이 버펄로를 사냥하려면, 수사자들이 버펄로의 주둥이나 꼬리를 물고 지지대를 마련해 줄 때 암사자 3~5마리가 동시에 공격해서 버펄로의 숨통을 조이는 협력 사냥을 해야 한다.

이처럼 쉽지 않은 버펄로 사냥을 위해 새끼들을 숨겨 놓고 암사자와 수사자들이 함께 사냥을 나가는 경우가 잦아지자, 사자와 공생관계를 유지하고 있는 하이에나가 그 공생관계에도 불구하고 새끼 사자들을 찾아내 물어 죽이는 일이 빈번히 일어나게 되었다.

사실 사자의 숫자가 증가하면서 사자와 '불안한 공생관계'에 있는 하이에나의 숫자도 덩달아 증가했다.

하이에나가 많아지면서 치타와 표범이 직접적인 피해를 보게 되었다. 그들이 어렵게 사냥해놓은 먹이를 하이에나에게 빼앗기

고 굶는 경우가 많아진 것이다. 급기야 하이에나가 치타와 표범의 새끼마저 사냥하는 일도 잦아졌다.

하이에나의 개체수가 늘게 되자 세렝게티와 응고롱고로의 남동쪽 경계지역인 은두투의 3~5월은 하이에나가 새끼를 낳기 위해 만든 구덩이에 관광객 차량은 물론 공원관리 차량과 연구소 차량의 바퀴가 줄줄이 빠지는 진풍경을 자주 연출하게 되었다.

이처럼 동물들의 개체수가 늘고 사자의 색다른(?) 모습이 알려지면서 탄자니아뿐 아니라 동아프리카의 여러 나라를 찾는 관광객이 크게 늘었다. 당장은 반가운 일이었겠지만, 이것이 다른 비극의 씨앗이 될 줄은 모른 채 20년을 보냈다.

2005년 9월 타랑기레 국립공원에서 날아온 비보는 모든 탄자니아 백인들을 공포에 떨게 했다. 파동이 커질 것을 우려한 탄자니아 정부는 그 일이 최대한 작게 보도되도록 하려고 갖은 노력을 다했다.

사건의 내용은 이렇다. 타랑기레의 한 롯지에서 일몰 후 수영을 즐기던 만 8세 어린이가 표범의 공격을 받아 죽었고, 정부는 즉시 그 표범을 사살하였다는 것이다.

사실 사자와 인간이 함께 살고 있는 응고롱고로 자연보호구 남부에서는 지나치게 숫자가 많아진 사자들이 사냥에 성공하기가 점점 어려워지자 가축을 공격하는 일이 다반사였다. 하지만 치타나 표범은 그렇지 않았다. 치타와 표범은 사람들이 사는 지역에서 멀리 떨어져 살고 있을 뿐 아니라 국립공원 안에서도 사람 주위에 나타나는 일이 적었기 때문이다.

가까운 곳에서 표범이 발견되었다는 것은 초원의 생태계에 큰 변화가 일어나고 있다는 것을 단적으로 말해주는 사건이다. 보통 낮에는 소시지나무에 올라가 시간을 보내는 표범이 별다른 은신처가 없는 응고롱고로 분화구에 출현하여 걸어 다닌다는 것은 표범의 생태가 조금씩 변해가고 있다는 것을 말해 주는 징표였다.

어느 개체이건 지나친 증감은 필연적으로 자연 질서의 파괴로

제1장
세렝게티와 응고롱고로

나타난다. 문제는 사자의 천적이었던 들개를 몰살시킨 데서부터 시작되었다.

　과거에는 프라이드의 왕이었던 수사자가 새로운 수사자들에 의해 쫓겨나 떠돌이 생활을 하면 들개들은 집단으로 그 수사자를 공격하여 죽이곤 했다. 떠돌이 수사자의 고단한 노후를 어쩌면 가장 편안하게 마감시키는 것인지도 모르겠지만, 그렇게 함으로써 사자의 수는 자연스럽게 조절되었던 것이다.

　하지만 들개가 몰살당한 이후 사자와 하이에나 수가 급속도로 증가하고, 숫자가 너무 많아진 결과 사냥을 위한 그들 간의 경쟁이 매우 치열해졌다. 그래서 그들 중 일부가 생존을 위해 표범과 치타를 뒤쫓아 다니며, 사냥한 먹잇감을 빼앗아 먹는 습성을 보이기 시작했다.

　그러다보니 이번에는 치타와 표범의 수가 급속도로 감소하기 시작했다. 아무리 턱과 발톱이 강한 표범이라도 사냥 후 곧바로 나무 위로 먹이를 옮기지 못하고, 아무리 빠른 치타라도 20km 떨어진 곳에서조차 피 냄새를 맡고 달려와 단체로 공격하는 하이에나를 이길 수가 없으니, 자연히 표범과 치타의 생존이 위협받는 상황이 되고만 것이다.

　뿐만이 아니다. 표범과 치타가 줄어들면서 치타와 표범의 먹이인 톰슨가젤과 임팔라의 수가 크게 늘었다. 한 곳에 머물러 지내는 톰슨가젤과 임팔라는 새로운 풀이 돋아나면 거의 싹쓸이를 하듯 먹어치웠고, 그 영향은 다시 누에게로 이어졌다. 누 떼가 이동을 하는데 필요한 '새로운 풀'을 톰슨가젤과 임팔라 등이 먹어치우면서 누가 우왕좌왕하게 된 것이다. 결국엔 누 떼의 이동 시기와 방향에까지도 영향을 미치게 되었다.

　최근 들어 초원에 다시 들개가 나타나기 시작했다. 멸종되다시피 했던 들개가 나타난 것은 초원의 먹이사슬이 복원된다는 측면에서도 반가운 일이다.

**제1장
세렝게티와 응고롱고로**

거의 30년을 애타게 기다려온 '환경조절자' 들개가 탄자니아 남부에서 다시 발견된 지 10여 년, 중부와 동부에서 발견된 지 3여 년이 지났다. 그들이 다시 세렝게티, 응고롱고로, 타랑기레 등 탄자니아 북부에 정착하여, 인간의 인위적인 손이 닿기 전에 자연 그대로의 원리에 따라 본래의 생태계로 만들어 줄 것을 기대한다.

현재 확인된 것만으로는 탄자니아 남서부의 루아하 국립공원에 35마리, 남동부 셀루우 자연보호구에 30여 마리, 북동부 탕가 근처의 산자락에 10여 마리, 세렝게티 남부와 응고롱고로 경계에 20여 마리가 있는 것으로 알려지고 있다.

사바나의 외톨이, 자칼

들개와 많이 닮은 개과 동물 가운데 자칼이라는 녀석이 있다. 자칼은 집단생활을 하지 않고 혼자서 생활하는 데다 그 숫자도 많지 않아 초원에서 아주 가끔 눈에 띄는 동물이다.

자칼은 얼핏 주변머리가 없어 보이는 동물이다. 사자가 사냥에 성공하여 먹이를 먹고 나면 그 다음에는 하이에나가 남은 살코기를 먹는데, 하이에나가 먹는 동안 힘이 약한 자칼은 그 주변을 어슬렁거리며 배회한다. 대머리 독수리들이 와서 뼈에 남은 살점을 다먹어치우기 전에 얼른 갈비뼈 하나라도 훔쳐 가기 위해서다.

사자와 같은 용맹함도 없고, 하이에나나 들개처럼 함께 공격하고 함께 나눠 먹을 동료도 없는 자칼은 늘 주변인처럼 혼자서 여기저기를 맴돌며 숨어 다닌다.

울음소리 한번 크게 못내는 자그마한 체구의 자칼은 초원에서 가장 외로워 보인다.

덤벼들거들랑 - 아프리카 민요

자칼이 덤벼들거들랑
하이에나를 보여주고
하이에나가 덤벼들거들랑
사자를 보여주고
사자가 덤벼들거들랑
코끼리를 보여주고
코끼리가 덤벼들거들랑
사냥꾼을 보여주고
사냥꾼이 덤벼들거들랑
뱀을 보여주고
뱀이 덤벼들거들랑
불을 보여주고
불이 덤벼들거들랑
바람을 보여주고
바람이 덤벼들거들랑
神을 보여 주어야지

초원의 못난이, 누

영화 〈라이온 킹〉에서 '심바'의 아버지를 밟아 죽인 동물이 바로 누(Wildebeest)다. 누는 늘 수백만 마리가 함께 몰려다닌다. 그래서 광활한 초원 위에 검은 점처럼 박혀 움직이는 엄청난 누 떼를 보면 그 장관에 압도된다.

하지만 누는 아프리카인들이 가장 불쌍하다고 생각하는 동물이기도 하다. 외모부터가 그렇다. 말의 얼굴에 염소의 수염, 소의 몸과 소의 뿔, 그리고 말의 꼬리.

나 역시 누를 처음 볼 땐 세상에 이렇게 못생긴 동물이 다 있나 싶을 정도였다. 게다가 말처럼 빠르지도 않고 소 같은 뚝심도 없다. 그래서 아프리카인들 사이에서는 수많은 동물을 창조하던

신이 제각각의 동물들을 만들다 지쳐 여러 동물들의 특징을 모아 누를 만들었다는 전설이 전해지기도 한다.

　누는 온순하다. 그래서 사자, 하이에나, 치타 같은 동물들에게 손쉬운 먹잇감이 되곤 한다. 개체수가 200만 마리를 넘어서는 누는 밀렵꾼들이 사냥을 해도 개체수에 표시가 안 나기 때문에 그들의 죽음을 안타까워하는 사람도 없다.

　매년 대우기(세렝게티의 우기는 11월에서 이듬해 5월로 알려져 있는데, 현지에서는 11월-12월이 소우기 4-5월을 대우기로 나눔)가 시작되기 전 2월이 되면 세렝게티 초원 위에는 조금씩

가랑비가 내리고 누는 새끼를 낳기 시작한다.

　초식동물들이 2월에 새끼를 낳는 것은 오랜 초원생활에서 터득한 그들의 지혜이다. 11월과 12월의 소우기에 비를 맞고 싹을 틔운 풀에서 출산에 필요한 영양을 얻고, 비를 맞아 미끄러운 땅에서 치타나 하이에나들의 습격으로부터 새끼를 보호할 수 있기 때문이다.

　3월이 되면 대우기를 기다리는 세렝게티의 하늘에 잠시 비가 멈춘다. 그제야 산달이 된 몇몇의 누들이 양수가 흐르는 무거운 몸으로 육식동물의 습격을 피해 절뚝거리며 무리의 중심으로 이동하는 모습이 보인다.

　힘들어 보이지만 그들은 가야 한다.

**제1장
세렝게티와 응고롱고로**

안전한 곳을 찾아 헤매는 무거운 몸

해마다 2월 즈음이 되면 어미 누 50여만 마리가 한꺼번에 새끼를 낳는다. 덕분에 이때는 사자나 하이에나, '쓰레기청소부'인 독수리까지도 배가 부르게 먹을 수 있는 계절이기도 하다. 또 이 시기는 동물들의 생태를 관찰하기가 좋기 때문에 탄자니아 연중 관광객의 50% 이상이 세렝게티를 찾아온다.

오전 11시 30분. 이미 진통을 시작한 누를 찾았다. 우리는 출산하려는 누를 방해하지 않으려고 최대한 아주 천천히 누를 쫓아다녔다.

누는 오후 4시가 되도록 새끼를 낳지 않았다. 우리 일행을 의식해서인지, 아니면 한낮의 뜨거운 태양을 피하려는 것인지 모르겠다. 자꾸만 다가오는 관광객들, 혹은 자신과 자신의 새끼를 노리는 치타와 하이에나를 의식해서일 수도 있을 것이다. 양수가 터져 피까지 흘리면서도 이리저리 피해 다니기만 하더니 결국 무리 속으로 들어간 뒤에야 새끼를 낳았다.

누는 무거운 몸을 이끌고 무려 6시간이나 초원 위를 걷다가 새끼를 낳았다.

한낮의 뜨거운 태양 아래서 출산을 하는 일은 누 자신뿐 아니라 지켜보는 우리에게도 힘든 일이다. 어제는 그리 열심히 따라다녀도 분만의 순간을 보여주지 않던 누가 오늘은 난데없이 우리 눈앞에 나타나 새끼를 낳았다.

그러나 새끼를 낳는 순간 어미는 무언가에 놀란 듯 보였다. 탯줄을 끊지도 않고 새끼를 엉덩이에 단 채 달아나기 시작했다. 다행히 새끼 누는 어미의 질주로 탯줄이 끊어지고 땅에 떨어지는 충격으로 양수가 터져 혼자 일어날 수 있게 되었다.

새끼는 곧바로 어미의 냄새를 찾기 시작한다. 세상에서 유일하게 알고 있는 어미의 냄새다. 우리 일행이 있는 곳으로 다가와 차에 기대 보기도 하고 수놈의 무리에 갔다가 쫓겨나기도 한다. 다른 어미 누에게도 다가가 보지만 '남의 새끼'를 받아주지 않는다.

제 어미가 돌아와 이 어린 새끼를 받아주기까지는 1시간이나 걸렸다.

무수한 생명이 태어나고 또 무수히 죽어가는 것이 비록 세렝게티 초원의 일상이라 할지라도, 그 하나하나의 생명이 낳은 자와 태어난 자의 인연을 비켜가지 않기를 빌고 또 빈다.

어미를 잃은 자의 선택된 죽음

태어난 지 한 달이 채 안 된 어린 누는 어미의 냄새를 따라 어미의 움직임 대로 같이 움직인다. 어미의 냄새가 달리면 달리고 어미의 냄새가 서면 따라서 선다.

아침 6시 30분. 숲에서 잠이 깬 어미 누는 평원에 내린 이슬을 먹기 위해 부지런히 초원으로 달려간다. 강과 호수에는 악어가 있어 어미 누는 이슬 머금은 초원에서 목을 축인다.

어미 누가 잠이 덜 깬 새끼를 데리고 무리를 따라가는 중에 무리에서 떨어진 새끼 한 마리가 사자와 마주쳤다. 어미 누가 새끼를 얼른 등 뒤로 보내고 안간힘을 쓰며 사자와 맞선다. 하지만 이내 사자의 날카로운 이빨에 쓰러진 어미 누는 그 자리에서 숨을 거두었다.

그리고 잠시 뒤, 사자와 어미의 혈투에 놀라 멀리 도망갔던 새끼 누가 어미의 냄새를 찾아 돌아왔다. 죽은 어미에게로 다가가다가 어이없게도 어미를 물었던 암사자에게 목숨을 잃었다.

제1장
세렝게티와 응고롱고로

풀을 따라 이동하는 누 떼의 대장정

해마다 수백만 마리의 누 떼가 물을 따라, 새 풀을 따라 대이동(Migration)하고 있다. 응고롱고로의 올두바이 조지(Oldupai george)를 출발하여 은두투(Ndutu), 나비힐(Naabi Hill), 심바 코피(Simba Kopjes)를 지나 악어들이 기다리는 그루메티 강(Grumeti River)과 케냐와 탄자니아의 국경인 마라 강(Mara River)에 이르기까지 누 떼의 여정은 무려 1,000km가 넘는다.

그들은 비를 따라 움직인다. 비가 내리면 새로운 풀이 돋아나고, 바람이 실어오는 신선한 풀향기는 누의 후각을 유혹한다. 누 떼는 그 새로운 풀을 쫓아 이동하는 것이다.

사자들로부터 위험을 이겨내며 기나긴 장정을 해온 누들에게는 또 다른 위험이 도사리고 있다. 악어가 기다리는 세렝게티 중서부의 그루메티 강과 케냐와 탄자니아의 국경인 마라 강이 그것이다.

죽음의 강이 기다리고 있다는 것도 알지 못한 채, 아니 지난해 그 길을 지나가본 경험으로 알고 있을 텐데도 그들은 강을 향해 뚜벅뚜벅 나아간다. 누의 그 긴 여정은 살기 위해 가는 행로이지만, 결과적으로는 누군가는 죽어야 나머지가 살 수 있는, 죽음을 향해 가는 길인 셈이다.

이 벗어날 수 없는 '죽음의 여정'은 바람이 정해준 자연의 순리로 수천 년 동안 변함없이 이어지고 있다.

대이동(Migration) 경로

KENYA
케냐

세렝게티 국립공원

TANZANIA
탄자니아

제1장
세렝게티와 응고롱고로

누 떼의 대장정을 가로막는 복병, 악어

탄자니아 세렝게티와 케냐의 마사이마라(Masai Mara)까지 1,000여km에 이르는 누의 대이동. 그 거대한 여정에서 가장 고통스러운 일은 그루메티 강과 케냐의 마라 강을 건너는 것이다.

그곳에서 악어는 '누의 대이동'을 손꼽아 기다린다. 66개의 이빨을 가지고 있는 악어는 파충류 중에서 가장 영리하고 인내심이 많은 동물이다. 악어는 1년에 제 몸무게의 50%만 먹어도 견딜 수 있는데, 그루메티강에 1년에 한 번씩 찾아오는 누 떼의 방문은 그들에게 1년 치 양식을 한꺼번에 해결할 수 있는 더없이 좋은 기회다.

적게는 30~40마리에서 많게는 200~300마리까지 한 무리를 이루어 하루에 16km씩 이동하는 누는 아침이나 저녁에 한 번은 물을 먹어야 한다. 촉촉한 풀에서 수분을 얻는다고는 하지만 그것도 최대 5~6일까지이다.

세렝게티에 건기가 찾아오면 대부분의 평야지대는 200만 마리의 누가 풀을 먹어 버려 누렇게 땅이 드러날 정도가 된다. 누는 새로운 풀 냄새를 쫓아 세렝게티 중서부의 그루메티강 유역까지 이동한다. 이 때 그들의 목마름을 해결할 수 있는 곳은 그루메티강뿐이다.

목마른 누들은 무리를 지어 조금씩 물가로 내려오고 악어들은 누의 발자국 소리를 들으며 물속으로 잠수한다. 세렝게티의 뜨거운 해가 계속 타오르면 누들은 목마름을 견디기 힘들어 강으로 밀려 내려온다. 한 마리 한 마리 조심스럽게 강물에 입을 대는 순간, 이빨을 드러낸 악어가 용수철처럼 순간적으로 튀어 오른다. 하지만 누가 재빨리 뒤로 물러나면서 놓치고 말았다.

겁을 먹은 누 무리가 뒤로 몇 발자국 물러난다. 하지만 목마름은 죽음의 고통을 잊게 하고, 악어의 제물이 자신이 아니길 바라며 또다시 물가로 내려온다.

악어도 다시 잠수하며 '매복'에 들어간다. 누 떼가 한 마리씩 강물에 입을 대기 시작하다가 이윽고 강가를 가득 메울 정도가 되었다. 뒤에서 밀어대는 누 무리에 밀려 앞쪽의 한두 마리가 물에 발목까지 담그는 그 순간, 악어가 튀어 올라 누의 뒷발을 물었다.

악어는 강력한 턱과 단단한 이빨을 가졌다. 하지만 악어의 이빨은 뜯거나 씹을 수 없어 누를 물로 끌고 들어와서 익사시켜야만 한다. 반대로 튼튼한 다리를 가진 누는 물에 끌려 들어가지 않아야 살 수 있기 때문에 최대한 땅에서 버티려고 발버둥을 친다.

물속으로 끌어들여야 살아갈 수 있는 자와 끌려들어가지 않아야 사는 자의 치열한 싸움이 이어진다. 살아야겠다는 의지가 더 강한 쪽이 이긴다. 초원에서의 하루하루는 삶에 대한 강한 의지로 이어진다.

오늘은 30분을 버틴 누가 이겼다.

**제1장
세렝게티와 응고롱고로**

대여정의 동반자, 누와 얼룩말

대이동을 하는 누의 무리 속에는 반드시 얼룩말들이 함께 있다. 예민하고 눈이 밝은 얼룩말은 누에게 침략자의 존재를 알려주고, 20Km 전방에 있는 물 냄새를 맡을 수 있는 누는 대이동의 안내자 역할을 한다. 누와 얼룩말은 서로 도와가면서 공생의 여정을 함께 하는 것이다.

자연이 엮어준 파트너인 이 두 동물은 서로의 역할을 충실히 하면서 함께 살고 있다.

힘센 자만이 살아남는 야생에서 또 다른 생존의 방식이다.

제1장
세렝게티와 응고롱고로

줄무늬는 가족 인식표, 얼룩말

수줍음 많은 얼룩말은 멋진 줄무늬를 가지고 태어난다. 얼룩말의 줄무늬는 인간의 지문처럼 저마다 다른 특색을 가지고 있는데 이 때문에 새끼 얼룩말은 제 어미를 기억하고, 많은 무리 속에서도 쉽게 어미를 찾는다.

새끼 얼룩말은 늘 어미 곁에 겹쳐 서 있다. 어미가 동쪽을 바라보고 있으면 새끼는 서쪽을 바라보며 초원의 강탈자를 감시한다. 한편으로는 자신들을 노리는 침략자들보다 더 크게 보이도록 하면서 말이다.

어미와 어린 얼룩말이 겹쳐서 서 있으면 그들 몸의 줄무늬가 너무도 자연스럽게 연결되기 때문에 멀리서 보면 그들이 원하는 것처럼 아주 큰 한 마리의 얼룩말로 보인다.

어미는 자식에게, 자식은 어미에게 서로 기대어 산다.

제1장
세렝게티와 응고롱고로

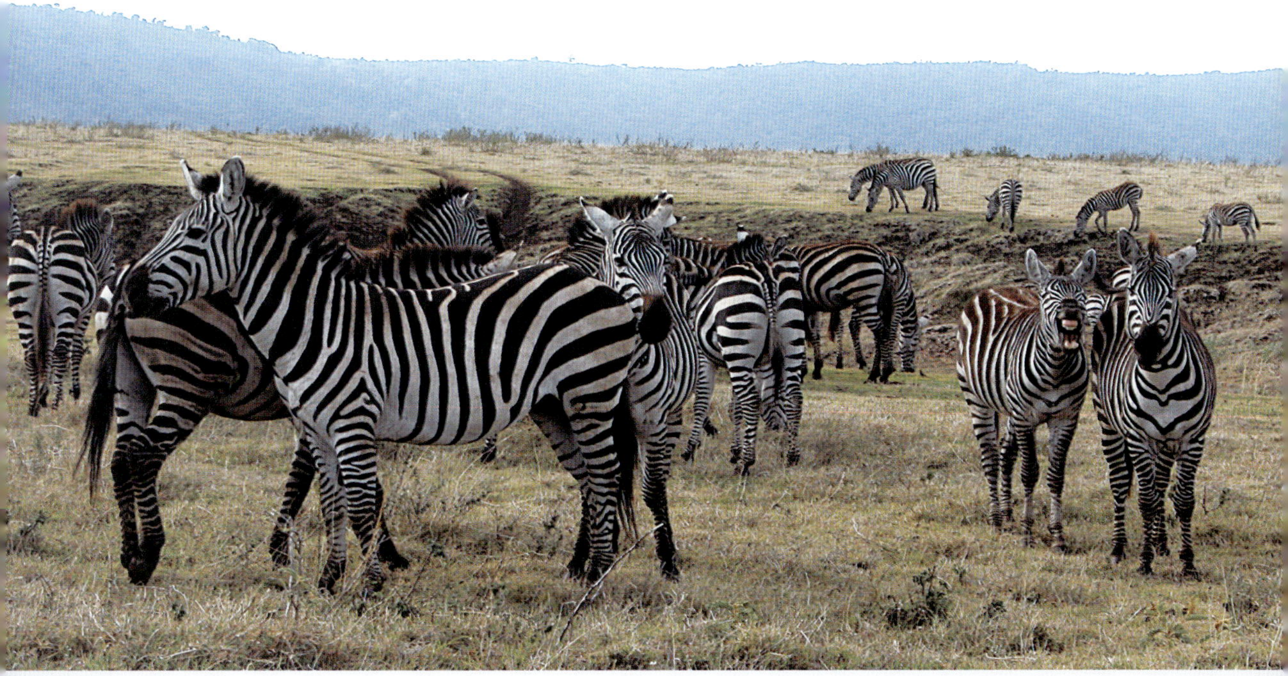

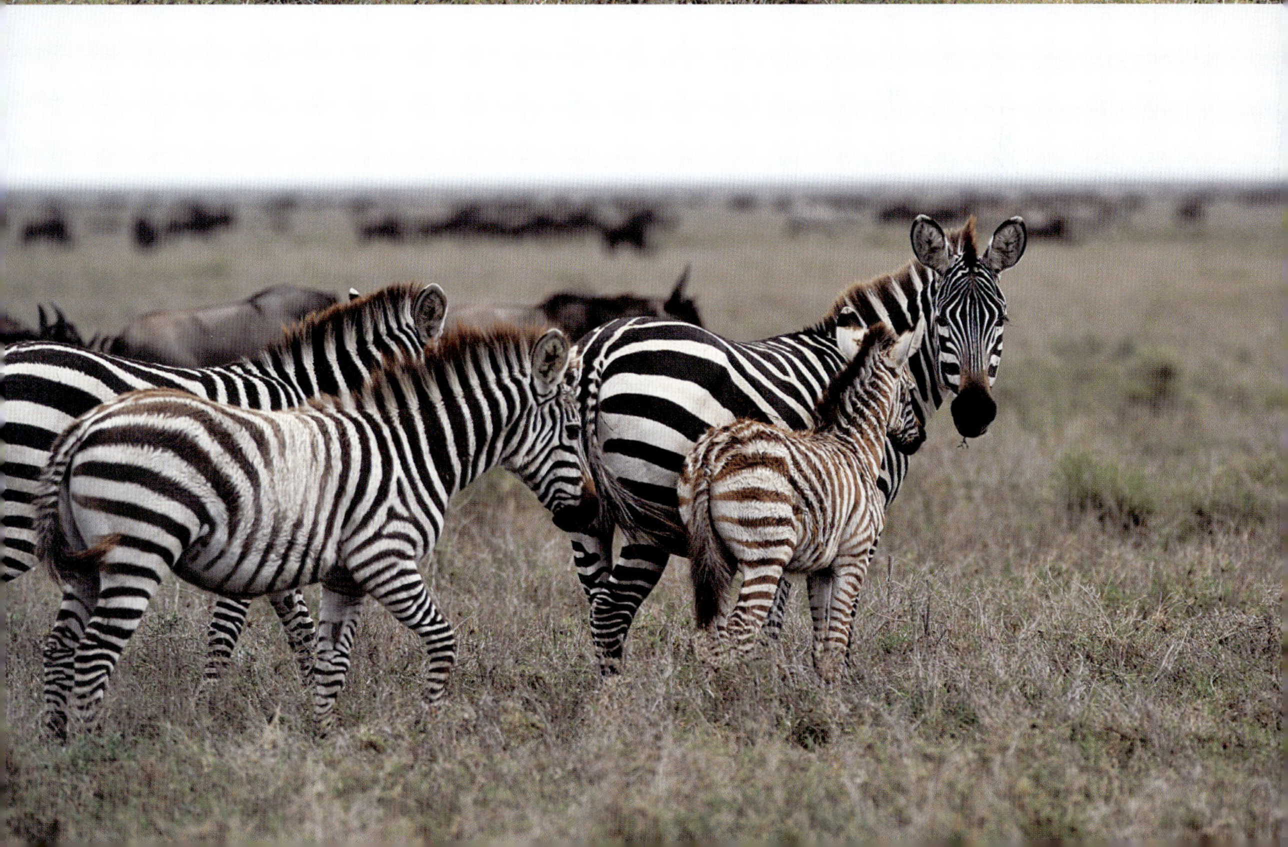

누를 뒤쫓는 쇠똥구리

누가 지나간 자리에는 늘 쇠똥구리가 있다. 세렝게티의 쇠똥구리는 누의 뒤를 따라다니면서 누의 똥을 굴려 덩어리를 만들고 그것을 먹고 산다.

쇠똥구리는 똥을 열심히 굴려 자신이 파 놓은 구멍에 저장한다. 그리고 그 안에 알을 낳는다. 알에서 깨어난 쇠똥구리 애벌레는 똥 덩어리를 먹고 자란다. 이 쇠똥구리들도 누를 따라 올두바이 조지에서 은두투로, 은두투에서 골코피(Goal Kopjes)와 심바 코피로, 그리고 그루메티강까지 이동한다. 그러다가 건널 수 없는 그루메티강 앞에 이르면 날개를 활짝 펴고 날아서 강을 건너간다.

누 떼가 다시 이 강을 건너 세렝게티로 되돌아올 때쯤이면 애벌레 쇠똥구리는 성충이 되어 초원 위에서 다시 똥을 굴리고 있을 것이다.

초원의 최약자, 톰슨가젤

끝없는 초원, 세렝게티.

사방으로 고개를 돌려도 지평선만 보이는 세렝게티의 초원. 몸무게가 30kg이 채 안 되는 톰슨가젤(Thomson's Gazelle)이 키 작은 풀을 뜯어먹으며 그 초원에서 산다.

평화롭다. 멀리서 본 그들의 일상은. 그러나 좀 더 가까이 렌즈를 들이대면, 나무 그늘 하나 없는 초원에서 힘센 약탈자의 시야에 그대로 노출된 채 새끼를 낳고 기르며 살아가야 하는 그들의 운명이 보인다.

'운명'을 아는지 모르는지 갓 태어난 새끼 톰슨가젤은 꼬리를 흔들어대며 천방지축으로 뛰어다닌다.

어미 톰슨가젤은 분만의 고통도 뒤로 한 채, 아직 양수도 채 마르지 않은 새끼를 보호하기 위해 쉼 없이 고개를 휘저으며 사방을 경계한다.

저 멀리서 치타가 오고 있다. 눈에 보이지 않아도 어미는 느낀다. 어미 톰슨가젤은 새끼를 감추려 이리저리 허둥거린다.

어미의 몸짓과 애타는 눈빛을 읽지 못한 새끼는 어미의 눈앞에서 목숨을 잃었다. 젖 한 번 물리지 못하고 보낸다.

새끼를 지키려던 어미 톰슨가젤의 눈길이 초원에 툭 박힌다.

자식의 죽음도 쉽게 잊는 톰슨가젤

치타의 먹잇감 대부분이 톰슨가젤이니 톰슨가젤에게는 치타가 천적일 수밖에 없다. 치타의 위협 때문인지 작고 귀여운 톰슨가젤의 눈은 언제나 겁에 질려 있는 것처럼 보인다. 아직 세렝게티에서 살아가는 법을 모르는 새끼 톰슨가젤은 치타의 손쉬운 표적이 되고 만다.

오늘은 어미 치타가 새끼 치타를 위해서 태어난 지 일주일 밖에 안 된 새끼 톰슨가젤을 사냥했다. 하지만 바로 물어죽이지 않고 뒷다리를 살짝 물어 다치게 한 뒤 자기 새끼에게 내어준다. 사냥교육을 시키는 것이다.

이들로부터 조금 떨어진 곳에서는 어미 톰슨가젤이 큰 눈을 껌벅이며 죽어가는 새끼를 지켜보고 있다. 그러다가 조금 후에는 이내 고개를 돌려 아무 일 없었다는 듯이 풀을 뜯어먹는다.

어쩌면 얼마나 다행스러운 일인가. 초원에서 가장 연약하고 순한 동물인 톰슨가젤에게 이처럼 빠른 '망각'이 있다는 것은. 이러한 '망각의 치료제'는 신이 톰슨가젤에게 준 가장 큰 선물일지도 모른다.

세렝게티 평원의 파수꾼, 몽구스

세렝게티에서 가장 작은 육식동물 가운데 하나인 몽구스(Mongoose)는, 영화 〈라이온 킹〉에서 '티몬'으로 등장해 익히 알려진 동물이다.

이들은 대략 30~40마리 정도가 모여 집단생활을 한다. 작은 곤충을 주로 먹고 살지만 워낙 영리하고 민첩해 무시무시한 독사도 겁 없이 잡아먹을 정도다.

몽구스는 흰개미 탑을 좋아한다. 흰개미 탑이 나타나면 서로 힘을 합해 부수어서 잡아먹기도 하고, 이들이 땅속으로 들어가면 머리를 땅에다 박고 긴 혀를 이용하여 잡아먹기도 한다.

그러나 머리를 처박은 채 먹이를 구하는 몽구스는 곧잘 다른 동물들의 표적이 되기도 한다. 먹으려다 먹히는 거다. 그래서 그들은 언제나 무리 중의 한 마리를 파수꾼으로 세워 놓는다. 파수꾼이 된 몽구스는 두 발로 선 채 고개를 들고 사방을 살핀다. 이러한 파수꾼 역할은 돌아가며 맡는데, 파수꾼이 된 날은 아침부터 저녁까지 그리고 다른 몽구스들이 그늘에서 쉴 때까지도 그 책임을 다해야 한다.

이처럼 몽구스의 조직체계는 생각보다 짜임새가 있다. 무리의 모든 구성원이 자신의 맡은 역할에 최선을 다하고 서로 돕는다. 이는 약육강식만이 존재하는 세렝게티 평원에서 안전한 그들만의 울타리를 만들 수 있는 비결이기도 하다.

어미의 등이 가장 든든, 바위너구리

하이렉스(Hyrax)라고 부르는 바위너구리는 햄스터처럼 작고 귀엽다. 다른 설치류처럼 나무의 여린 잎이나 풀을 먹고 살아간다. 새끼의 크기는 작은 들쥐와 비슷한데, 너무 귀여워서 누구나 한번쯤 손을 내밀어 만지고 싶어 한다.

6월이 되면 바위너구리도 적당한 바위틈을 찾아 새끼를 낳는다. 우리가 묵고 있는 숙소 주변의 몇몇 바위틈에도 곳곳에 절묘하게 마련된 그들만의 은신처가 있었다.

세렝게티에서 바위너구리만큼 사람들에게 익숙해진 동물도 없다. 우리 일행을 보고도 전혀 놀라거나 두려워하지 않는다. 하지만 갓 태어난 새끼는 사람을 보면 얼른 어미 등에 올라타고 눈을 감아버린다.

아직 세상을 배우지 못한 새끼에게는 모든 것이 두려운가 보다. 엄마를 빼고는.

* 설치류 : 쥐류라고도 한다. 몸길이 5~7cm로 매우 작은 것부터 남아메리카에 사는 캐피바라(capybara)와 같이 1~1.3m에 이르는 것까지 있다.

모든 것은 땅으로 돌아간다, 소시지나무

우리나라 경상북도와 비슷한 크기의 세렝게티 평원에는 목마른 동물들의 목을 적셔줄 작은 강들이 있다. 그 중에서 세렝게티의 가장 중앙에 위치하고 있는 것이 바로 세로네라강이다.

강 주변에는 소시지나무가 두세 그루씩 짝지어 서 있다. 소시지처럼 생긴 열매가 열린다 하여 소시지나무라 불리는 나무다. 이 나무는 표범에게 아프리카의 뜨거운 태양을 피할 수 있도록 그늘을 만들어주고, 개코원숭이(Olive Baboon)에게는 맛있는 열매를 나누어준다.

몇 그루가 뿌리를 드러낸 채 쓰러져 있다. 양분을 빨아들일 힘도, 뜨거운 해를 맞을 힘도 없어서 뿌리를 드러내고 누워 썩어가고 있는 것이다.

쓰러진 나무 옆에는 다시 어린 나무들이 싹을 틔운다. 죽은 나무들이 썩으면서 만들어낸 거름을 양분 삼아 나무는 자라난다. 그리고 아프리카의 태양을 받으며 앞서간 나무의 길을 이어간다.

제1장
세렝게티와 응고롱고로

그 이름은 노랗고 예쁜 꽃

대우기의 거센 비가 그친 세렝게티의 5월은 꽃들이 만발하다. 하얀 꽃, 노란 꽃. 마사이에게 꽃 이름을 물어보지만 아는 사람이 거의 없다. 그냥 "하얀 꽃", 그냥 "노란 꽃"이란다.

그래서 크고 작고 혹은 예쁘고 안 예쁜 건 어떻게 구분하느냐고 물었더니 "큰 하얀 예쁜 꽃", "작고 노란 안 예쁜 꽃"이란다.

식물도감을 찾아보면 쉽게 알 수 있겠지만 그게 이곳에서 무슨 소용이 있겠는가?

모두 그냥 세렝게티의 꽃인데.

대초원이 잠드는 시각, 석양

　세렝게티의 석양 앞에 내가 서 있다. 태초부터 만들어져 있었을 다양하고 오묘한 자연의 질서 앞에 내가 서 있다.
　세렝게티 평원에 석양이 지면 거대한 몸집의 코끼리 떼들도 버펄로 무리도 다들 어디론가 사라진다.

스스로 크는 나무

"나무는 자꾸 들여다보면 크지 않는단다. 그냥 그대로 두어야 해. 저 스스로 햇살을 받고, 바람을 맞고, 비를 맞을 때까지 기다려 주어야 해. 그러다 보면 어느새 저만큼 커져 있음을 알게 된단다. 아마 네 가슴 속의 나무도 그럴거다."

광활한 평원 위에 홀로 서 있는 나무를 보며 어머니의 말씀을 떠올린다.

먹물이 번지듯 세렝게티 초원 위에 어둠이 채워져 가고 저 멀리 우뚝 선 바오밥 나무에도, 내 가슴속 나무에도 바람이 세차게 불고 있다.

지금은 바람을 맞을 때다……

초원을 태우는 불길

세렝게티에 우기가 끝나고 건기가 시작되기 직전인 6월이 되면, 국립공원 관리들은 초식동물에게 좋은 먹이로 제공될 새로운 풀이 자라게 하기 위해서 평원에 불을 놓는다.

이 불은 국립공원 바깥으로부터 생겨나는 자연발생적인 불 혹은 밀렵꾼이 놓은 불로부터 저지선을 만들기도 하고 피를 가진 모든 동물들을 쩨쩨파리로부터 보호하는 역할도 한다.

평원의 불이 일정 지역을 태우고 나면 그 다음엔 불을 지른 사람들이 불을 끄러 뛰어다닌다. 인위적으로 지른 불로부터 뿌리가 약한 3년생 이하의 작은 나무들을 살리기 위해서다. 그 어린 나무들이 자라서 대평원의 다음 세대에게 보금자리가 되고 그늘이 되고, 먹이가 된다.

새벽을 깨우는 욕망의 열기구

　세렝게티국립공원은 경상북도 정도의 크기이지만 동물들의 생활을 보호하기 위해 모든 길이 비포장도로로 돼 있고, 통행로도 매우 적다.
　우기 때나 또는 동물들이 길에서 조금 멀리 떨어져 있는 경우엔 하루 종일 찾아 돌아다녀도 관광객이 좋아하는 '빅 5(코끼리, 사자, 표범, 코뿔소, 버펄로)' 가운데 세 가지 이상을 보기가 쉽지 않다.
　그래서 사람들은 짧은 시간 안에 여러 동물들을 한꺼번에 보겠다는 생각으로 이른 새벽에 열기구(Baloon)를 띄워 '아침식사'에 나선 동물들을 찾아다닌다. 일명 '벌룬 사파리'이다.
　대평원 위의 수많은 동물들은 살기 위해 새벽부터 부지런히 움직이지만, 사람들은 단지 자신의 눈을 즐겁게 하기 위해 어둠이 채 가시기도 전에 하늘에 덩그러니 기구를 띄운다.
　해가 막 떠오르는 아프리카 대초원을 열기구에서 바라보는 것은 일생에 한 번은 볼 만한 장관이고, 한 번쯤은 해볼 만한 사치임에 틀림없다. 하지만 인간의 욕망을 채우기 위해 야생동물의 아침 위로 뜨거운 열기구가 날고 있다.

　그 아래 서서 오랫동안 하늘만 바라보았다.

제 2 장

나의 아프리카

아프리카, 아프리카, 아프리카

아프리카. 문명세계와는 거리가 먼 듯 여겨지는 아프리카는 어떤 곳인가?

450만 년 전 인류의 조상 아디(Ardipithecus)가 태어난 땅. 어린왕자의 첫 지구별 여행지가 되었던 사막과 바오밥의 땅. 끝없는 초원 위에서 인간과 동물을 배경으로 〈아웃 오브 아프리카〉의 낭만과 사랑이 펼쳐졌던 평화의 땅.

남아프리카의 다양한 금, 철광, 다이아몬드에서 중동의 석유까지 지구 대부분의 지하자원을 품고 있는 리프트밸리(Rift Vally)가 지나가는 곳이지만, 스스로 그것을 개발할 돈이 없어 자신들은 캐서 써보지도 못하고 남들에게 죄다 뺏기고 사는 땅.

아직도 마을 곳곳에 신을 모시고 함께 살아간다는 이유로 유럽 기독교인들로부터 미개인이라고 무시당해도 큰소리 한마디 못하는 사람들의 땅. 말라리아와 에이즈로 수없이 많은 삶들이 채 피어보지도 못하고 마감해야만 하는 억울한 땅.

53개의 나라에 수많은 종족이 살고 있으면서도 문자가 없어 인류의 역사로부터 언제나 멀리 서 있는 땅. 선택 받은 소수만이 글을 공부할 수 있고, 그중에서도 극소수만이 지긋지긋한 가난을 벗어나 새로운 삶을 살아가는 땅. 아무것도 가진 것이 없어 치고 박고 싸우다 죽어도 하소연할 것 없는 삶들의 땅. 그래서 아무도 그들의 죽음을 기억해주지 않는 땅.

아프리카.
나는 아프리카에 살고 있다.

제2장
나의 아프리카

아루샤의 길고 긴 하루

벌써 일주일 전에 받았어야 할 촬영허가서를 받지 못해 다시 국립공원 사무실을 찾아갔다. 조금 전까지 자리에 있었다는 상사는 없고 담당자만이 자리를 지키고 있었다.

담당자에게 전후 사정 얘기를 해보았다. 하지만 지시받은 사항이 없다고 늑장을 부린다. 달래고 달래어 상사에게 전화를 하라고 하면 출장 가서 없다고 한다. 그러면 다른 상사를 찾으라고 하자 근무시간이 끝났으니 내일 얘기하자면서 가방을 싸서 나가 버린다.

이것도 아프리카다.

나는 진짜 아프리카에 살고 있다.

제2장
나의 아프리카

오래된 낡은 침대로 돌아오는 일상

세렝게티에 어제와 똑같은 아침이 다시 찾아온다. 자리에서 일어나 커피를 마시고 졸린 눈을 비비며 차를 타고 길을 나선다.

사자는 3일에 한 번 정도 사냥을 하고 하루에 18~20시간을 잔다. 배가 부른 사자는 에너지 소모를 줄이기 위해 최소한으로 움직인다. 어찌 보면 굼뜰 정도다. 그런 사자가 보여주는 순간의 뒤척임과 눈빛, 그리고 언제쯤 보여줄지 모르는 움직임을 기대하며 사자를 따라다닌다. 세렝게티의 뜨거운 해를 맞으며 사자의 움직임을 기다리고 또 기다린다.

따지고 보면 나랑 아무 관계도 없는 동물들만 지겹게 따라다니다가 벌판에서 점심을 먹고, 뜨거운 햇살을 피해 사자 앞에서 잠이 들고, 해가 지면 다시 숙소로 돌아와 저녁밥을 먹고, 오래된 낡은 침대에 누워 안 오는 잠을 억지로 청한다.

아! 사람이 보고 싶어서 미치겠다.

모두가 그리운 사람이 되는 땅

아프리카 대평원에서 시간이 가고 있다는 것을 보여주는 것은 해가 뜨고 해가 지는 것, 바람이 불고 구름이 움직이는 것, 나무와 풀의 색깔이 변하는 것, 누 떼가 이동하는 것…… .

오늘은 촬영이 없다. 초원을 달리던 차가 돌덩이에 걸려 트랜스미션이 터져 버리는 바람에 예정에도 없던 일주일 만의 휴식을 맞았다.

무작정 자고 무작정 먹는다.

문득 지금의 반복되는 나날이 지루한 젊은 날의 일상인 듯해 비싼 전화를 붙들고 낡은 수첩 속의 이름들을 찾아 전화를 한다.

"여기는 세렝게티인데요?"

"잘 지내세요?"

"서울 가서 순대국에 소주나 한잔 하죠."

"잘 지내냐? 서울은 나 없이도 잘 돌아가지?"

"……"

항상 보고 싶은 사람이 있고, 가끔씩 보고 싶은 사람이 있다고 생각했다. 아침에 일어나면 잊어버리는 사람이 있고, 조금씩 내 마음 속에서 사라지는 사람이 있다고 그렇게 생각했다.

그런데 세렝게티에서는 모두 다! 그립다.

제2장
나의 아프리카

하쿠나 마타타, 그리고 아프리카인

아프리카에 살고 계신 어느 교민 한 분이 우스갯소리로 이런 말을 했다.

"아프리카인들에게 어미닭이랑 병아리랑 뛰게 하고 각각 몇 마리인지 세어 보라고 해 봐. 아마 밤을 새야 될 걸!"

물론 우스갯소리다. 그만큼 그들이 계산에 밝지 못하고 교육도 제대로 받지 못한 사람이 많다는 이야기다.

그런데 나는 왜 자꾸만 '이 녀석'들에게 정이 드는 것일까? 이들은 식민지시대에는 영국인들의 지배와 중간관리자인 인도인들의 학대 속에 살아왔고, 아직도 농업이 국가경제에 중요한 역할을 하고 있는 가난한 나라 국민들이다. 우리는 큰 카메라를 들고 와서 차도 몇 대씩 굴리며 자기네 한 달 월급을 한 끼 밥값으로 먹어치우는 사람들이니 얼마나 잘 살겠냐며 선물을 달라고 매일 같이 투정하는, 대부분 가진 게 없는 친구들이다.

그중 영리한 친구들은 자기들이 조금만 잘 대해주면 외국인들이 스스로 선물을 내놓으니까 그걸 믿고 충심을 다하기도 한다. 하지만 대부분은 다시 못 볼 사람이라며 촬영 막판이나 관광 마무리 시점에 몽니를 부려 여러 사람을 곤란하게 만들기도 한다.

나무에 못을 박으라고 하면 나무 하나 가지고 오고, 또 못 하나 가지고 오고, 그리고 다시 망치를 가지고 온다. 그러면서도 자기네들끼리 할 얘기는 다하느라 반나절을 써 버리는 녀석들이니 싸우지 않으려야 않을 수가 없다.

이동할 차량에 고장이 났다. 그 이유가 뭐냐고 물으니 연료필터 문제라며 그것만 갈면 "Hakuna Matata(문제없다)"란다. 그래 놓고는 다음날 또 고장이 나서 물으면 이번엔 연료펌프가 문제라고 한다. 같은 계통인데 운전사가 그것도 모르냐고 따지면 자기가 하루 더 놀고 싶어서 거짓말한 게 뻔한 데도 우리가 돈이 많이 들까봐 연료필터부터 갈고, 그래도 차가 안 가면 그때 연료펌프를 교체하려고 그랬다며 오히려 우리를 걱정해주는 척 하는 녀석들.

그 거짓말하는 두툼한 입술이, 꼬불꼬불 살갗을 파고드는 머리카락이, 엄청난 가슴이, 엄청난 엉덩이가 참 많이 밉살스럽다. 그런데도 헤어질 때면 울음을 터뜨리는 녀석들, 집에 가져가봤자 쓸 수도 없는 것을 선물이라고 꼬깃꼬깃 싸들고 와서 건네주는 이 녀석들이 나는 다시 보고 싶어질 것을 뻔히 알기에 그냥 바라만 봐도 웃음이 난다.

제2장
나의 아프리카

아프리카에서 만나는 여러 얼굴들

이곳 아프리카에서 참 많은 '얼굴'을 만난다.

초원에서 함께 풀을 뜯는 같은 초식동물이지만, 버펄로는 수수한 얼굴에 느릿한 동작이 시골 아줌마 같다.

얼룩말은 오동통 살진 엉덩이와 발목으로 이어지는 미끈하게 빠진 다리에 쭉 빼입은 줄무늬 옷이 영락없는 미시 아줌마 같다.

기린은 백수의 왕 사자를 만나도 결코 요란스럽게 뛰지 않고 유유히 지나가는 대범함과 여린 심성이 동시에 엿보이는 무뚝뚝한 엄마 같다.

가늘게 빠진 네 다리 위에 황갈색 정장을 차려 입은 임팔라는 새싹과 어린 나뭇잎을 찾아 먹는 것이 새침데기 처녀를 보는 것 같다.

나도 어느새 대초원의 한 식구가 되었다.

그들에게 난 어떻게 보일까?

검은 전사의 후예 마사이

세계 최고의 야생동물 보호구역인 탄자니아의 관광도시 아루샤에서 세렝게티로 가려면, 도중에 200~300마리의 소떼를 몰고 가는 마사이에 의해 수차례 차를 멈추게 된다.

평균 신장이 173cm인 검은 전사 마사이족은 360만 년 전 세 명의 직립 보행 인류(오스트랄로 피테쿠스 아파렌시스, Australopithe-cus Afarensis)가 지나갔던 탄자니아 올두바이 계곡에서 케냐의 북부 투르카나 호수에 이르는 매우 넓은 지역에 걸쳐 살고 있다. 이곳은 아프리카에서도 가장 기후가 고르고 가축을 기르기 좋은 초지가 끝없는 평원을 이루고 있어 야생동물에게도 천국이다.

2000여 아프리카 부족 가운데 세상에 가장 많이 알려진 마사이족은 주로 소의 육질과 우유, 생피를 먹고 곡류는 가까이 하지 않아 얼굴의 윤곽이 바르고 몸에 군살이 없다. 남달리 강인한 눈빛을 가진 이들은 창 하나로 사자를 사냥할 정도로 용맹하다. 예전에 아프리카인들이 노예가 되어 세계 각지에 팔려 나갈 때도 그들은 차라리 자결함으로써 자존심을 지키기도 했다.

마사이들이 가지고 다니는 룽구(나무의 옹이 부분으로 공격할 수 있도록 만든 사냥도구)는 그들이 맨주먹으로 사자를 잡았다는 전설을 말해준다. 빨간색 체크무늬의 천을 몸에 둘러 입는 옷은 건조한 초원지대에서 유목을 하며 살 수 있도록 만들어진 옷으로 침낭으로도 쓸 수 있는데, 그 위에 갖은 색깔의 구슬과 쇠붙이로 치장을 한다.

마사이는 보통 6~8개 가족이 모인 50~80명 정도가 한 마을을 이루어 살고 있다. 마을의 한가운데에는 가시나무로 된 울타리를 만들어 가축을 가두고, 그 주위를 따라 모서리를 둥글게 한 사각형의 집을 지어 가축을 야생동물로부터 보호한다.

각 개인의 집은 나무로 뼈대를 세우고 나무와 갈대 등으로 지붕을 엮은 다음 벽과 천장에는 소의 배설물과 물을 섞어 바른다. 사바나의 초원에서는 비와 바람을 막는 가장 튼튼한 건축이다.

제2장
나의 아프리카

　마사이의 남자아이는 태어나서 걷기 시작하면 누구나 50~100마리 정도의 양과 염소, 소 등을 이끌고 유목생활을 해야 한다. 보호구역이 정해지지 않았던 예전처럼 산을 넘고 물을 건너 넓은 초원을 헤매고 다니는 것은 아니지만 아직도 보통 하루에 6시간 이상은 초원을 걸으며 가축에게 풀을 먹이고 물을 먹인다. 이때는 언제 어디서 나타날지 모르는 야생동물의 습격으로부터 가축을 보호해야 하기 때문에 잠시도 한눈을 팔 수 없다.

　남자아이는 보통 14~17세가 되면 할례를 하게 된다. 마을에서는 할례가 시작되기 한 달 전부터 할례 후 상처가 아물 때까지 남자아이가 성인식 중임을 널리 알린다. 또 초원에서 생꿀을 모아 술을 만들어 할례의식에 찾아오는 사람들에게 제공하기도 한다.

　할례 때는 마을의 제사장이 정한 신성한 날에 소년들이 찬물로 목욕을 한 뒤 성기의 외피를 잘라낸다. 이때는 어느 누구도 고통을 입 밖으로 표시해선 안 된다. 그것은 마사이 전사의 수치이며 가족들에게 가장 큰 수모를 주는 일로 인식된다.

　그 다음에는 부모가 할례를 마친 아이의 머리를 깨끗이 밀어냄으로써 성인식은 끝이 난다. 그리고 그 머리가 다시 자라게 되면 그들은 다시 제사장에 의해 비로소 '모라니(전사)'가 된다.

　전사는 다른 부족의 가축을 약탈해 오거나 야생동물로부터 자

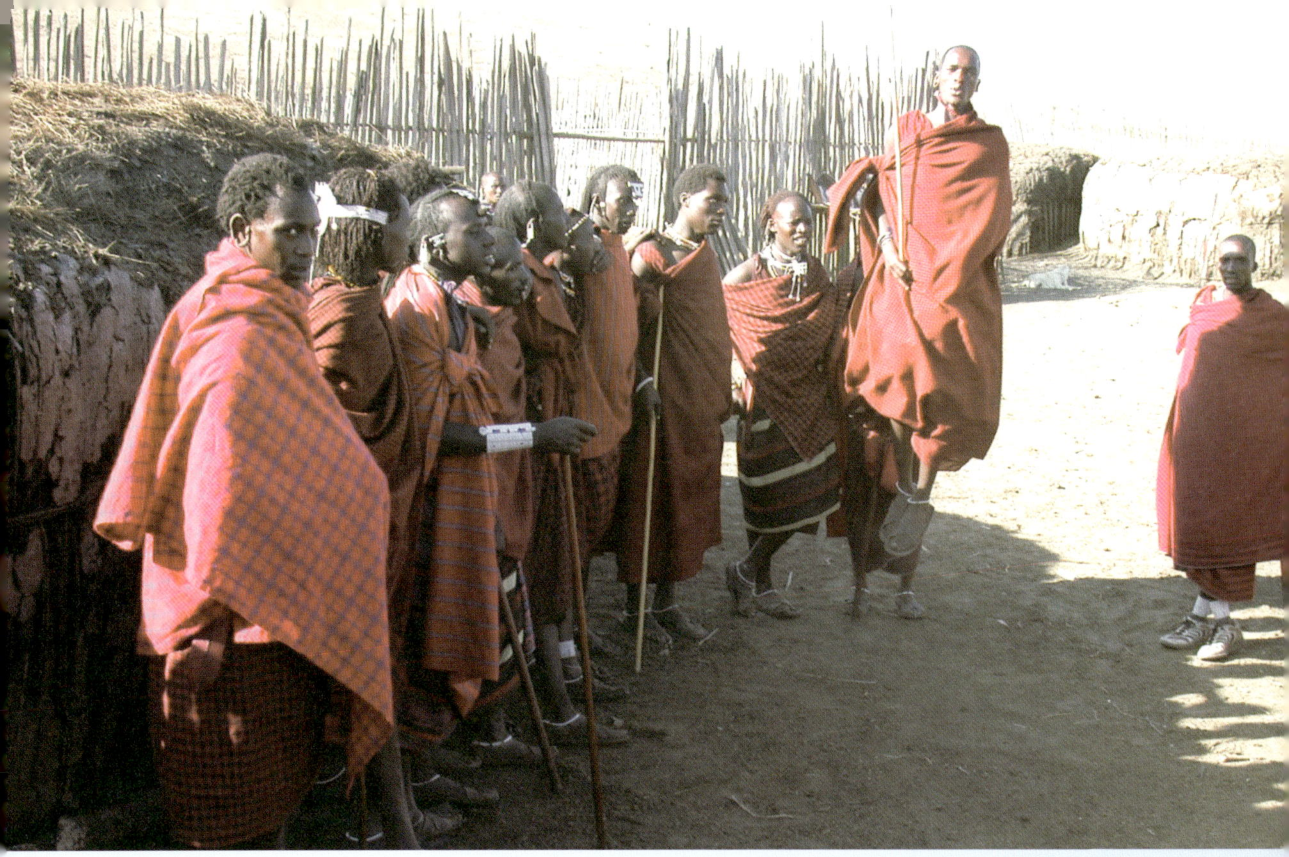
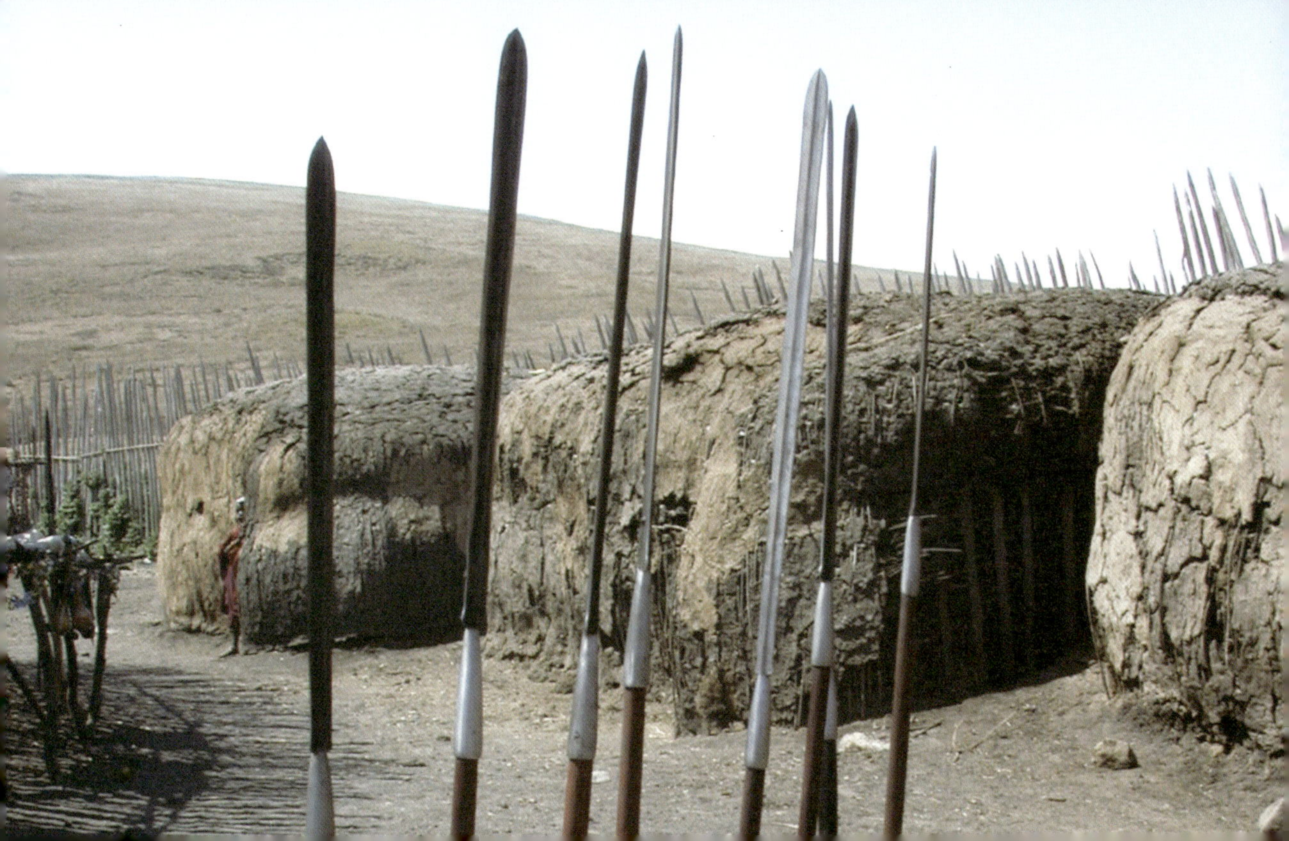

신들의 가축을 보호하기 위하여 타조의 깃털이나 포획한 사자의 가죽으로 모자를 만들어 쓰고 긴 창과 방패로 무장한다. 그리고 싸울 때는 매우 용감하게 싸운다.

마사이 전사가 되면 죽음과 맞서야 할 때도 많다. 대신 평소에는 머리를 기르고 화장을 하고 문신을 새기는 등 자유롭게 자신을 치장할 수 있고, 마을의 미혼 여성에 대해 언제든지 성적 자유를 가질 수 있다. 또 우유나 쇠고기 등을 어느 집에서건 마음대로 요구할 수도 있다. 그만큼 마을 사람들 모두가 그들을 아끼고 존경하는 것이다.

전사로서 15년 정도의 기간이 지나면 이들은 일정한 의식을 치른 후 전사의 사명을 다하게 된다. 이때 전사들은 마을의 축복을 받으며 마을의 원로이자 한 가정의 가장으로 거듭난다. 또 각자의 부모로부터 소를 분양 받게 되는데, 그 소의 일정량을 빼고 나머지를 신부의 가족에게 '신부 값'으로 지급한다.

마사이족에게 소는 부의 척도이며, 모든 거래는 소를 기준으로 이루어진다. 99마리의 소는 살인도 면하게 한다.

그러나 서구 열강들의 침입도 견뎌내고, 지독했던 노예무역상의 횡포에도 죽음으로 자존심을 지켰던 마사이들, 끝없이 찾아오는 관광객의 카메라 앞에서도 웃음을 팔지 않고 자신들의 전통을 지키며 살아가던 마사이도 이제는 문명인, 탄자니아인이 되어 가고 있다.

팀을 이루어 호텔에서 공연을 하고 스스로 관광가이드가 되어 자신의 마을로 관광객을 유도하기도 한다. 소의 피를 뽑는 데 10달러, 집안 구경에 10달러, 춤추는 데 50달러, 성인식 관람에 100달러 등 자신들의 풍습을 돈으로 흥정한다.

뿐만 아니라 이제는 그 단계를 넘어서 아예 마을 자체를 관광객이 쉽게 찾을 수 있는 큰 도로변으로 옮기는 마사이도 있다.

그렇게 번 돈으로 많은 수의 소를 사게 되면서, 젊은 마사이가 소유한 소의 숫자가 마을원로들이 세상을 살아오며 자연스럽게 불린 소의 숫자를 넘어서는 경우가 생기기 시작했다. 젊은 마사이라도 부의 측면에서 마을의 중요한 위치를 차지하는 상황이 생기게 된 것이다.

　부를 축적한 젊은 마사이들은 '신부 값'으로 소를 주고 아내를 얻어 자식들을 더 많이 낳음으로써 마을에서 세를 확장하기도 한다. 자식의 수가 많으면 자신의 의견을 관철하거나 나아가 자신의 가족만으로 새로운 마을을 만들어 본인이 족장이 될 수도 있다.
　이러한 현상은 마을의 구속력이 어른에 대한 존경이나 추장의 지도력에 의존하는 단계에서 벗어나 부와 인원수로 마을의 의사결정이 이루어지는 단계에까지 이르렀음을 보여주는 것이라 할 수 있다.
　한편으로는, 관광객들이 마을 아이들에게 보여주는 신발, 시계 등의 문물이 그들의 전통적 장신구를 대신하는 새로운 장신구로 등장했다. 이러한 외부의 새로운 '문명'은 자연과 함께 살아가야 할 마을 아이들의 꿈을 바꿈으로써 매일 밤 집을 뛰쳐나온

제2장
나의 아프리카

아이들이 도시의 부랑아로 전락하는 계기가 되고 있기도 하다.

저녁 10시, 동네 사람들이 울고 있다며 마사이 마을에서 전화가 왔다. 황급히 차를 불러 마을에 가 보니 마을은 어느새 평온하다. 어제까지만 해도 소를 몰고 다니던 18세의 젊은 모라니(전사)가 말라리아로 죽었다고 한다. 열여덟 살의 모라니는 마을에서도 몇 안 되는 젊은 전사였으므로 마을이 울음바다가 되었다는 이야기다. 사람들이 무덤을 파고 있다. 아무 말도 없이 그들의 슬픔을 가둘 무덤을 파고 있다.

다시 아침이 오고 몇몇의 마사이들이 아침부터 술에 취해 나를 보고 씩 웃는다.

초원의 유목부족 마사이

현재 탄자니아와 케냐에 거주하고 있는 대부분의 마사이들은 교육과 국적을 거부하며 소를 몰고 초원을 떠돌아다니던 유목부족이다. 자신의 가장 소중한 재산인 소들이 사자에게 잡아먹히게 되면 목숨을 바쳐서라도 사자와 맞서 싸우던 용감한 부족이다. 국가가 생기기 전에는 케냐든 탄자니아든 상관없이 그저 초원을 따라 1년의 대부분을 누처럼 이동하며 살았다.

오랜 시간 동안 마사이들은 추장을 중심으로 그들이 해야 할 것과 하지 말아야 할 것을 스스로 결정하고 자기네 부족만의 풍습을 지키는 등 나름대로 부족자치를 누리며 살아왔다.

부족 내에서는 서로가 필요한 것을 필요한 만큼 나누며 살았다. '우유 500원, 바나나 1000원' 같은 방식이 아니라 "오늘은 네가 사냥을 못해 나에게 줄 게 없지만, 나는 바나나가 많으니 가지고 가서 먹어라."라는 식이다. 자연이 준 감사의 선물이 남거나 모자라지 않도록 서로가 나누며 사는 것이다.

그리고 한 곳에 정착한 뒤에도 주위에 소에게 먹일 풀들이 넉넉하지 않으면, 살던 집을 놔두고 달랑 숟가락 하나 냄비 하나만 들고 길을 나선다.

마사이 마을에 나마야미라는 여자가 살고 있다. 14~16살쯤으로 보이는 그 여자는 100일 정도 된 여자 아이의 엄마다.

내가 그녀를 만나 몇 살이냐고 물었다. 그녀는 웃기만 했다. 이틀이 지나 다시 그녀에게 몇 살이냐고 물었다. 그래도 그녀는 대답 없이 웃기만 했다.

세월의 개념을 가지지 않은 그녀가 무척이나 특별하고 아름다웠다. 그래서 카메라를 들이대고 다시 물었다.

"나마야미, 몇 살이야?"

"……"

여전히 그녀는 아무 말도 하지 않았다.

"나마야미, 몇 살이야?"

"……"

"나마야미. 그냥 모른다고 해도 돼."

"……"

그러다가 그녀는 갑자기 울기 시작했다. 당황스럽고 안타까운 마음에 왜 우느냐고 또 캐물었다.

"나이를 모르는 제가 부끄러워서요."

나도 울었다.

내가 어느새 나마야미에게 부끄러움을 가르치고 있었다.

늙고 병든 마사이 의사의 한마디

흔히 아프리카를 정글과 초원의 이미지로만 생각하는 사람들은 아프리카엔 겨울이 없는 줄 안다. 하지만 아프리카에도 겨울이 있다. 아프리카의 겨울도 춥기는 마찬가지다.

건조한 탄자니아의 북쪽 지방에 겨울이 찾아왔다. 사방에 찬 기운이 가득한데, 나이 많은 건넛집 노인이 장작불을 손에 들고 몸을 녹이면서 우리에게 약을 달라고 말했다. 자세히 쳐다보니 손발이 문드러지는 나병처럼 보였다. 우리는 이 병을 고치는 약을 갖고 있지 않다고 하자 노인은 이렇게 말했다.

"나는 예전에 마사이들의 병을 고치는 의사였습니다. 어느 날 백인 박사가 찾아와서 자신이 우리를 건강하게 해주겠다며 자기 일을 도와 달라고 했습니다. 그래서 그 사람과 1년 정도 같이 일했는데, 그가 돌아가고 한 달이 지났을 즈음부터 내 손과 발이 썩어 들어가기 시작했지요. 우리는 오래 전부터 들에서 살며 들에서 약초를 얻어 우리의 병을 고쳐왔습니다. 그리고 병을 고치지 못하면 자연스럽게 죽음을 받아들였지요. 그래서 우리가 고치지 못한 병의 고통이라는 것은 없었어요. 그러나 백인이 주고 간 이 병은 달라요. 목숨은 살려 두지만 죽지도 못하는 거지요. 우리는 바깥세상에 관심이 없어요. 가고 싶지도 않고 또 갈 수도 없으니까요. 우리는 바깥세상에 아무런 해도 끼치지 않는데 왜 백인들은 우리에게 고통을 주는 거지요?"

그는 한동안 아무 말이 없다가 깊고 낮은 목소리로 이렇게 말했다.

"우리는 우리가 알 수 있는 고통 속에서만 살고 싶습니다."

아프리카의 시간, 사사와 자마니

마사이에게 있어 추장의 권위는 실로 대단해서, 얼굴도 모르는 자기네 대통령과도 비교할 수 없을 정도로 훨씬 크다.

아루샤를 출발해 차로 4시간을 달려간 어느 마을에서 마사이 전통 춤을 해지기 전에 빨리 보여 달라고 하자 추장은 우리에게 난데없이 질문을 던졌다.

"아는 것과 모르는 것의 차이는 무엇입니까? 보이는 것과 보이지 않는 것의 차이는 무엇입니까? 시간이 흐른다는 것과 흐르지 않는다는 것의 차이는 무엇입니까?"

그는 말을 이었다.

"아프리카의 시간은 사사와 자마니입니다. 자마니는 현재 이전까지 내가 겪은 시간이고, 사사는 지금 이 순간에 존재하는 시간입니다. 아프리카를 여행하다 보면 길에 앉아 아무 것도 하지 않는 사람을 볼 겁니다. 외부에서 온 사람들은 그들을 게으르고 한심하다고 합니다. 그러나 그 사람에게 시간은 흐르지 않습니다. 자기가 주체로서 행동하지 않은 시간은 흐르지 않는 것입니다. 당신은 얼마나 많은 시간에 주인으로 살고 있습니까?"

추장은 자신의 말을 이렇게 끝냈다.

"백인에게 옳고 그름이 먼저라면, 우리에게는 좋고 나쁨이 먼저입니다."

제2장
나의 아프리카

인류의 드라마가 시작된 올두바이 조지

중앙아시아 남서부 요르단강 계곡에서 남동아프리카 모잠비크까지 이어지는 그레이트 리프트 밸리(Great Rift Valley)는 금, 다이아몬드, 철광석, 텅스텐, 석유, 천연가스 등 많은 자원이 묻혀 있고 많은 수의 야생동물이 살고 있는 곳이다.

특히 응고롱고로 분화구에서 50여km 떨어진 올두바이 협곡은 그레이트 리프트 밸리의 수많은 계곡 중 하나다. 그 중심에 불쑥 솟아올라 있는 붉은 바위산은 인류 기원의 비밀을 얘기해주는 곳이다. 구석기문화와 360만 년 전의 직립 보행 유인원(오스트랄로피테쿠스 아파렌시스, Australopithecus Afarensis)의 발자국 화석이 발견되면서 고고학자들에게는 성역과도 같은 곳이 되었다.

오늘날 문명세계로부터 가장 멀리 있다고 볼 수 있는 아프리카의 한 구석진 땅이 인류의 탄생지라니 아이러니하다는 생각을 지울 수 없다.

풀조차 자라지 않는 이 좁은 계곡을 따라 암벽 옆으로 마사이들이 한 무리의 소를 몰고 지나간다. 360만 년 동안 이 땅에서 생존해온 인류의 드라마가 한눈에 들어오는 듯하다.

제2장
나의 아프리카

아프리카의 자부심과 희망

아프리카의 희망은 어디에 있을까? 내가 아프리카에서 만난 수많은 외국인들은 오늘날 아프리카가 처한 정치적, 사회적인 상황과 자연환경을 예로 들며 아프리카의 미래는 어둡다, 희망은 어디에도 없다고 말한다.

하루 종일 나무 그늘에 앉아 바람과 구름과 태양과 대화하던 어느 할아버지가 넌지시 말을 건넨다.
"아프리카는 100년 혹은 200년 후에 반드시 세계의 중심에 서게 될 것입니다. 백인들이 걱정하는 만큼 우리는 가난하지 않습니다. 백인들은 겨우 1000년을 앞섰지만, 우리는 인류의 역사 360만년 중에 359만 9000년을 앞서 살았습니다. 백인들에게 100년은 1000년의 10분의 1에 해당하는 기간이지만, 우리에게 100년은 단지 3만 5990분의 1에 불과할 뿐입니다."
미래에 대한 희망이나 절망을 얘기한다는 것은 어쩌면 막연한 가정에 불과한 것이리라. 하지만, 희망을 눈에 보이도록 가시화하고, 살아 있는 동안의 가능성으로만 믿는 것은 백인이 만들어 놓은 기계문명의 또 다른 모습인지도 모른다.
"희망은 갖는 것이고, 주는 것"이라고 말하던 할아버지의 목소리가 가슴에 남는다.

생존의 위대함을 간직한 아프리카 아이들

　쉽게 낳고, 많이 낳고, 그리고 질병과 가난으로 인해 많이 죽어가는 아프리카 아이들. 그래서 마치 세렝게티의 초원과도 같은 대자연의 '경쟁법칙'에서 살아남은 아프리카의 아이들은 더더욱 위대해 보인다.

　한 인간이 태어나서 살아간다는 것은 그가 어디에서 어떤 조건으로 태어났건 세상 무엇보다도 위대한 일이다. 그래서 어쩌면 가장 열악한 환경에서 태어나고 생존한 아프리카 아이들의 소중함은 그보다 더 위대할지도 모른다.

존재를 알리는 인사말 '잠보'

탄자니아를 여행하다 보면 어느 구석에 있는 이름 모를 골짜기마을에 가더라도 사람들이 먼저 달려와 "잠보(Jambo! Hi!라는 뜻)"라고 인사를 한다.

가끔은 물건을 팔거나 구걸을 하는 사람들이지만 처음 만나는 이들에게 서슴없이, 주저 없이 인사를 건넨다. 그들의 눈에, 그들의 말 속에는 이름 없는 골짜기 한 구석에서 살고 있는 그들의 존재를 세상 누군가에게 알리고 싶어 하는 마음이 보인다.

내가 아프리카를 이리도 헤매는 이유와 같은 것일까?

제2장
나의 아프리카

이방인을 위한 그들만의 계산법

탄자니아는 영국으로부터 독립한 후에도 사회주의국가 체제를 유지했기 때문에 서구문명이 매우 더디게 들어왔다. 그 중에서도 특히 마사이는 외부의 문명을 거부하고 자신들의 방식대로 살아가려 했다.

그러나 최근 들어서는 외부와의 교류가 늘어나고 있다. 특히 1년에 70만 명 이상의 관광객이 방문하는 응고롱고로 분화구의 마사이 민속촌에 사는 대부분의 마사이가 장사에 눈을 뜨게 되었다.

"이거 얼마예요?"

"10,000tsch(탄자니아 실링. 우리 돈으로 약 8,000원 정도)요."

"세 개 주세요."

"잠깐만요."

그리고는 금세 옆에 있는 가게로 달려가더니 자기들끼리 낄낄거린다.

"여기 세 개 있어요."

"그럼 30,000tsch인데 3개 사니까 25,000tsch에 줘요."

"안 돼요. 두 개는 내 꺼니까 20,000tsch이고, 하나는 친구한테서 가지고 왔는데 그 녀석이 하나에 20,000tsch 달래요. 그러니까 살려면 40,000tsch를 내야 해요."

"말도 안 돼. 깎아주지는 못할망정 돈을 더 내라고? 안 사요."

"알았어요. 30,000tsch에 가지고 가요."

"싫어요. 당신이 내 시간을 빼앗았으니까 25,000tsch에 줘요."

"안 되는데... 알았어요. 가지고 가요."

이게 그 곳에서의 흥정방식이다. 말을 제대로 못하면 꼼짝없이 40,000tsch을 내야 할 판이다.

돌아오는 길에 현지 운전수에게 내가 산 물건의 값을 확인해 보았더니 원래 가격이 개당 5,000tsch란다. 그 자리에서 왜 말을 안 했느냐고 물었더니 씩 웃어버린다. 아마 그럴 것이다. '가재는 게 편'이라고.

그들에게 나는 아직 어쩔 수 없는 이방인인가 보다.

교민은 달가워하지 않는 아프리카 여행서

대부분의 아프리카 교민들은 한국에서 온 여행자가 아프리카에 다녀와서 글을 쓰거나 책을 내는 것을 달가워하지 않는다. 여행자들이 53개국이나 되는 아프리카의 나라들 중 겨우 몇 개국, 특히 동부나 남부에 치중된 극히 일부지역을 여행하고서는 그것이 아프리카 전체의 실상인 듯 말하기 때문이다. 더구나 몇 십 년을 살아온 내 나라에 대해서도 역사, 정치, 문화 등 다양한 모습을 제대로 알기 어려운데, 겨우 며칠이나 몇 주, 많아야 몇 달 정도 여행하고는 어찌 그 나라를 얘기할 수 있겠냐는 것이다.

이곳 교민들은 아프리카를 방문하는 사람과 몇 마디만 나눠보면 그가 여행자인지 교민인지, 그리고 얼마나 아프리카에 살았는지를 안다고 한다.
교민들의 비유가 재미있다.

이민 1년차 : "아프리카 놈들은 다 똑같아. 도대체가 말도 안 듣고. 새까만 놈들이 입술은 두껍고 엉덩이는 크고 참 희한하게도 생겼어."
이민 3년차 : "앞집의 키 크고 마른 녀석은 아마 북쪽사막에서 왔을 것이고, 뒷집 클레멘스는 남쪽에서 와서 뚱뚱하고 작아. 우리 집에서 일하는 녀석은 초원에서 살아서인지 제일 까맣지만 그 마누라는 제일 예쁜 것 같아."
이민 5년차 이상 : "어젯밤에 가로등도 없는 도로를 달리다가 갑자기 저 앞에 뭔가 있어서 봤더니 아프리카인이더라고. 이젠 깜깜한 곳에서도 흑인들이 보인다니까."

그들과 함께 살아온 세월이 길어지면 밝은 불빛 아래에서만 그들이 보이는 것이 아니라 아무리 어두운 곳일지라도 볼 수 있게 된다.

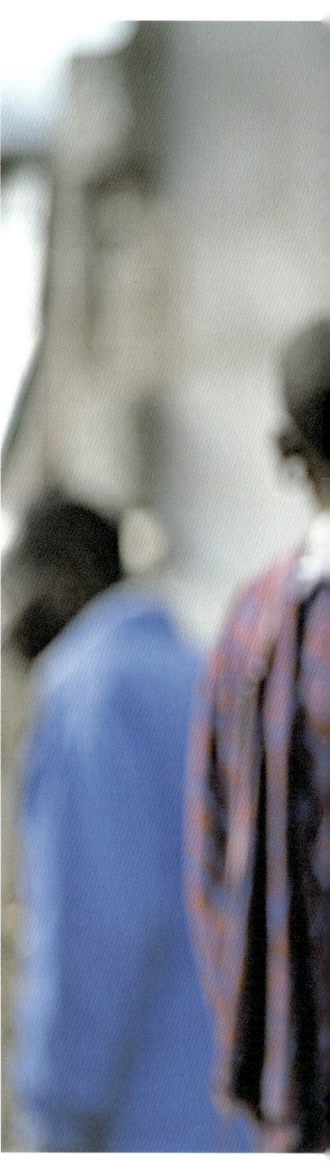

제2장
나의 아프리카

'신의 집'이라 불리는 검은 대륙의 최고봉

아프리카 대륙의 최고봉인 킬리만자로는 높이 5,895미터의 눈 덮인 산이다. 적도 바로 아래이면서도 일 년 내내 눈을 이고 선 킬리만자로는 넓은 대평원의 한가운데에 저 혼자 우뚝 솟아 있는 모습으로 아프리카인들에겐 감히 범접할 수 없는 신성한 땅이었다. 인간이 감히 다가설 수 없는 신성한 곳이라 생각한 마사이족은 이 봉우리를 '신의 집'이라 불렀다.

지금도 킬리만자로는 사람들이 쉬이 다가서는 것을 허락하지 않는 산이다.

킬리만자로로 들어가는 루트 가운데 하나인 마랑구 게이트(Marangu Gate)는 해발 1700m가 조금 넘는 지역이다. 이곳은 나무가 울창하고 비가 자주 내린다. 그리고 늘 구름이 끼어 있어 킬리만자로의 위용을 보기는 어려운 곳이기도 하다.

킬리만자로를 등반하기 위해 이곳을 찾는 사람들은 필요한 짐들을 모두 현지 포터들에게 지고 가게 할 수는 있다. 하지만 킬리만자로의 최정상인 우후루 피크(Uhuru Peak)에 오르는 것은 어디까지나 본인 스스로의 의지와 선택에 달려 있다.

"왜 킬리만자로에 오르는가?"

"Why not?"

킬리만자로에서 만난 23살의 독일 여자 카트린은 나의 질문에 이렇게 대답했다.

사람들은 종종 한계상황 속에 자신을 놓아두기를 즐긴다.

킬리만자로 산행에 불리는 노래

Kilimanjaro Kilimanjaro Kilimanjaro
Kilimanjaro Mlima mrefu sana
Na Mawenzi Na Mawenzi Na Mawenzi
Na Mawenzi Mlima mrefu sana
Ewe nyoka! ewe nyoka ewe nyoka…
ewe nyokaaa mbona wanizunguka,
wanizunguka? Wanizunguka! Wanizunguka
wanizungukaaa wataka kunila nyama,

킬리만자로 킬리만자로 킬리만자로
킬리만자로는 너무나 높다.
마웬지 봉 마웬지 봉 마웬지 봉
마웬지 봉도 너무나 높다
뱀 뱀 뱀
뱀은 돌아서 오른다.
왜 돌까? 왜 돌까? 왜 돌까?
어떻게 돌아서 올까?

조국 탄자니아를 노래하는 킬리만자로의 아이들

　탄자니아는 영국으로부터 오랫동안 식민지 지배를 받다가 탕가니카와 잔지바르가 각각 독립한 후 1964년 합병하여 만들어진 나라이다. 독립 후에는 사회주의체제를 택했다.
　건국 이후 그들은 제국주의 시절에 강제로 만들어놓은 국경 때문에 생길 수 있는 부족 간의 갈등을 해소하고 궁극적으로는 국가 발전의 기틀을 다지기 위해 각 지역마다 현대식 학교를 설립하였다.
　그리고 공무원들이 각 지방을 돌며 순환근무를 하는 것처럼 각 부족의 학생들을 전혀 낯선 동네로 상호 유학을 보내어 부족 간에 서로 교류하고 이해할 수 있는 여건을 조성하기 위해 노력했다. 또 각 부족만의 폐쇄적인 문화를 희석시켜 부족 간의 갈등이 없는 국가를 만들고자 지금까지 노력하고 있다.
　이런 정책 덕분에 탄자니아는 국가에 대한 충성도가 다른 아프리카 국가들보다 월등히 높은 나라이다.
　무심히 지나가던 길에 초등학교 담 너머로 아이들의 노랫소리가 울려 퍼졌다.

　'나는 조국 탄자니아를 사랑한다.
　언제 어디서나 조국 탄자니아를 사랑한다.'

　조국 탄자니아를 노래 부르는 아이들의 목소리이다.
　초원 위에서 들었던 것 같은, 어미를 부르는 어린 짐승의 부르짖음처럼 이 노래가 왜 이렇게도 간절하게 다가오는지.

　그래, 나도 내 조국을 사랑한다! 대한민국.

Tanzania Tanzania
Nakupenda kwa moyo wote
Nchi yangu Tanzania
Juna lako ni tamu sana
Nilalapo nakuota wewe
Niamkapo ni heri mama wee
Tanzania Tanzania nakupenda kwa moyo wote
Tanzania Tanzania
Ninapokwenda safarini
Kutazama Maoyalou
Brashara noyo makazi
Sctoweza kujsahau mimi
Mambo mema ya kwetu kabisa
Tanzania Tanzania nakupenda kwa moyo wote

Tanzania Tanzania
Watu wako ni wema sana
Nchi nyingi zakuota
Nuru yako kakuna tena
Na Wageni Wakukimbilia
Ngome yako Imara Kweliwee
Tanzania Tanzania Heri yako Kwa mataufa

Tanzania Tanzania I love you hearty my country
Your name is sweet
Tanzania Tanzania I love you too much

Tanzania Tanzania When I on Journey.
I see many attracting things business areas
Tanzania Tanzania I love you too much

Tanzania Tanzania your people is hospitality
The guests love you too.
Tanzania Tanzania I love you too much

노예시장의 역사 간직한 작은 어촌

탄자니아의 수도 다르에스살람에서 인도양을 따라 북쪽으로 1시간 반 정도 가면 동아프리카 최대의 노예시장이 있었던 어촌 마을이 나타난다. 불과 몇 백 년 전에 인간을 짐승처럼 취급하던 도시라고는 도저히 상상할 수 없을 만큼 이제는 너무나 조용하고 평화로운 작은 어촌이다.

이곳이 수많은 흑인들이 마치 동물처럼 매매되던 바가모요(Bagamoyo)다. 이름 모를 수많은 흑인들의 아픔이 아직도 마을 곳곳에 배어 있는 것만 같다.

가족들의 생계를 걱정하던 그들에게 신천지에 가면 돈을 많이 벌 수 있다는 말로 속여 이곳으로 데려온 경우도 많지만, 고향 땅에서부터 이유 없이 붙잡혀 이곳으로 끌려온 경우도 꽤 많았다. 제 발로 왔건 끌려서왔건, 그들은 이곳에서부터 꿈에도 상상하지 못했던 혹독한 경험을 하며 노예상인들에게 팔려가야만 했다.

백인들은 흑인들을 잡아와 이곳에서 콩을 먹였다고 한다. 가장 짧은 시간 내에 60kg 이상 살이 찌도록 만들기 위해서. 그리고 10평도 되지 않는 작은 방에 75명 정도를 함께 가둬 두고 숨도 제대로 쉴 수 없게 하는 등 비인간적인 대우를 서슴지 않았단다.

처음에는 흑인들의 손목에만 수갑을 채웠다. 그러나 고통과 고향에 있는 가족에 대한 그리움을 견디지 못해 탈출하는 노예가 많아지자 발목에도 10파운드 무게의 쇠공을 달았다고 한다.

그러나 그들의 자유에 대한 몸부림을 10파운드 무게의 쇠공이 막지는 못했다. 수없이 많은 '노예'들이 그 쇠공을 안고 바다로 뛰어들어 죽음을 선택한 것이다.

몸무게가 60kg이 넘으면 '노예'들은 배에 실려졌다. 바다로 향해 나 있는 작은 문을 통해 그들의 자유와 생명은 영원히 사라져갔다.

바가모요는, 바로 그 아픔이 묻어 있는 곳이다.

1895년에 만들어진 독일 동부 아프리카 사무소. 건물 뒤편에 노예시장이 위치해 있다.

다시는 돌아오지 못할지도 모르는 먼 길을 떠나면서, 그들은
배 밑바닥에 겹쳐 누워 함께 노래를 불렀다.

Be happy, my soul, let go all worries
Soon the place of your yearnings is reached.
The town of palms-Bagamoyo
Far away, how was thinking of you, You pearl
You place of happiness, Bagamoyo

There the women wear there hair plaited
You can drink palm wine all year round
In the garden of love Bagamoyo
The dhow arrive with streaming sails
And take aboard the treasures of Uleias
In the harbor of Bagamoyo

Oh, what delight to see the ngomas
Where the lovely girls are swaying in dance
At night in Bagamoyo
Be quite my heart, all worries are gone
The drum beats and with rejoicing
We are reaching Bagamoyo

행복하여라, 내 영혼이여. 모든 근심들은 사라지고
당신이 그토록 그리워하던 곳에 곧 다다르게 되네.
야자수가 늘어선 도시 바가모요에.
내가 당신을 생각하고 있었을 때
멀리서 내 가슴은 얼마나 아팠는가.
그대 행복이 깃드는 곳, 바가모요여.

바가모요에서는 여자들이 땋아 내린 머리를 하고 있다네.
바가모요 사랑의 뜰에서 일년 내내 야자술을 마실 수 있지.
돛배들은 물 흐르는 듯이 항구에 다다르고
울레이야의 보물들을 싣네.

춤들을 보는 것은 얼마나 커다란 기쁨인가.
바가모요의 밤에 어여쁜 소녀들이 춤 속에 파묻혀 몸을 흔드네.
내 가슴이여, 평정을 되찾으라, 모든 근심은 사라졌으니.
북소리 울리고 환호성 울리면서 우리 바가모요에 도착하고 있네.

제2장
나의 아프리카

맺는말

아프리카에서

머나먼 아프리카까지 와서 내가 하고 싶은 일은 삶을 살아가면서 무심히 지나갈 수 있는 것들을 소중히 여기고, 더불어 솔직하게 이야기하는 것이었다.

단지 사람들이 궁금해 하는 사자나 치타 이야기, 원시적 삶과 인류의 조상에 관한 이야기뿐만 아니라 서울에 살면서 늘 그냥 지나쳐 버렸던 것들을 우리가 얼마나 행복하게 누리고 있는지, 함께인 것만으로도 행복한 것들, 머릿속에 남겨져 있어서 즐거운 것들, 흔하고 통속적인 것들, 그런 것들 모두가 얼마나 고맙고 소중한지를 다시금 느껴보고 솔직하게 이야기해보는 것이었다.

세상에 있는 어떤 형용사나 부사를 다 갖다 붙여도 표현할 수 없는, 그런 작고 하찮은 순간일지라도, 그래서 언젠가는 나로부터 너무나 먼 이야기가 돼버릴지도 모르기에 더 멀어지기 전에 나는 그런 것들을 내 가슴에 징으로 새겨 넣어 남겨 두고 싶다.

겨울의 인도양은 언제나 안개 속에서 아침을 맞이한다.
아프리카의 붉은 태양이 안개 속에서 강렬하게 햇살을 뿌리면 안개를 뚫고 붉은 빛이 바다 위로 쏟아져 내린다.
아프리카가 좋아져서, 아프리카에 중독되어서, 온 가족을 다 데리고 아프리카까지 와서 살고 있지만, 내겐 한국에서 보았던 아프리카보다 아프리카에서 보는 아프리카가 여전히 더 낯설다.

아프리카는 나에게 아직도 너무 크다.

1판 1쇄 인쇄   2010년 5월 31일
1판 1쇄 발행   2010년 6월 10일

지은이   이종렬
편집   오승현
디자인   윤시호

발행인   이희원
발행처   ㈜하니커뮤니케이션즈 〈글로연〉
주소   서울시 마포구 동교동 203-40 ST빌딩 4층
전화   (02)325-9889, 8558
팩스   (02)325-8586
e-mail   shoh@honeycomm.co.kr

출판등록 2004년 8월 23일
등록번호 제313-2004-196호
ISBN   978-89-92704-20-5   03930
값   15,000원

* 이 책은 저작권법에 따라 보호받는 저작물이므로 무단전재와 무단복제를 금합니다.
* 잘못 만들어진 책은 구입하신 서점에서 교환해 드립니다.